JN102331

Internal **B**randing

インターナル・ブランディング
の理論と実践

岡田裕幸 [著]

OKADA Hiroyuki

中央経済社

はじめに

　私はブランディングコンサルタントとして，20年以上にわたって様々なブランディングに携わってきました。コーポレート（企業）のブランディングでは，業種や業態を問わず売上高が1兆円を越える大手企業から数億円の中小企業まで多岐にわたります。また「プロダクト（製品）ブランディング」では，形のある製品から形のないサービスまであります。

　こうした中で，昨今，多くの企業が注目し，私自身よく相談を受ける機会が増えているのが「インターナル・ブランディング（Internal Branding）」です。

　「インターナル・ブランディング」は，一言でいうと「社内に向けたブランディング」のことです。通常，ブランディングというと社外，特に顧客や生活者に向けて実施されるものと考えられるので，「社内に向けた」というと違和感があるかもしれません。しかし，本書の読者であれば認識されていることと思いますが，ブランディングを実施するにあたっては，目を社外に向けるだけでなく，社内に向けることも必要です。なぜならブランドの価値を認め選択するかどうかを判断するのは顧客や生活者ですが，日々の事業活動において顧客や生活者と接するのは社員だからです。社員がブランドの価値を理解していなければ，それを顧客や生活者に伝え理解してもらうことはできません。顧客や生活者への働きかけだけでなく，社員の意識を高めることが重要であると多くの企業が認識するようになり，その方策として社内に向けたブランディング，すなわちインターナル・ブランディングへの関心が高まり注目されるようになっているのであろうと考えられます。

　本書では，これまで私が携わった様々なブランディングでの経験とそれを通じて培われた知見に基づき，特にインターナル・ブランディングにフォーカスし，インターナル・ブランディングとは何か，どのように取り組めばいいかについて，事例を踏まえながら詳しく解説していきます。

インターナル・ブランディング（Internal Branding）は，インナー・ブランディング（Inner Branding）と言うことがあります。「インナー（inner）」の対語は「アウター（outer）」であり，物理的あるいは精神的な側面の内か外かというように'位置'を表します。一方，「インターナル（internal)」の対語は「エクスターナル（external）」で，これも内か外かということなのですが，内部（内側）や外部（外側）に向けたといった言葉のニュアンスがあります。その意味では「インターナル・ブランディング」と言うほうが英語的には適切であると考えられます。しかし「インナー・ブランディング」という言葉が用いられる機会は多く，むしろそちらのほうが馴染みのある言葉として受け入れられやすいようには思います。こうしたことを認識した上で，本書では「インターナル・ブランディング」という言葉を使います。

また，インターナル・ブランディングは，企業レベルで考えられることが多いのですが，企業レベルでは実施しなくても，事業部レベルで取り組むこともあります。その場合，対象は事業部に属する社員（課員と事業部責任者）です。企業レベルで実施することができれば事業部レベルで実施することができるので，本書では，企業レベルでのインターナル・ブランディングにフォーカスして解説していきます。

目　　次

はじめに　　i

第1章　インターナル・ブランディングとは何か

- インターナル・ブランディングの前に／2
- インターナル・ブランディングの目的／3
- インターナル・ブランディングの基本的な考え方と
  フロー／4
- なぜインターナル・ブランディングが重要か／5
- インターナル・ブランディングの対象／6
- インターナル・ブランディングに期待される成果／7
- インターナル・ブランディングで企業の理念等の浸透を
  図る／9

第2章　ブランド，ブランド戦略，ブランディング

- ブランドについて／12
- ブランドの機能と役割／13
- ≪まとめ1≫／18
- ブランド戦略と3つの‘R’／18
- ブランディングをどう考えるか／22
- ブランディングの基本ステップ／24
- ≪まとめ2≫／28

第3章　顧客満足（CS）と インターナル・ブランディング

- 顧客満足（CS）について／30
- CS（顧客満足）が高い／低いというのはどういうことか／30
- CSとブランドの関係／34
- CS活動とブランド活動／35
- CSやブランド価値の向上につながる顧客価値を どう考えるか／37
- '顧客第一'と'顧客価値第一'／38
- CSと社員満足（ES）とインターナル・ブランディング／40
- CSとCR，ESとER，そしてブランド／41
- ≪まとめ≫／43

第4章　ブランドマネジメントと インターナル・ブランディング

- ブランドマネジメントの目的とポイント／46
- ブランドマネジメントの項目／50
- ブランドマネジメント実践のための3つの要件／52

第5章　インターナル・ブランディングへの取り組み方

- インターナル・ブランディングの目的と期待される成果の再確認／56
- インターナル・ブランディングの基本ステップ／59
- 3つの各ステップについて／60
- インターナル・ブランディングの推進体制／63
- インターナル・ブランディングの推進における留意点／67

- 「見える化」で提示すべき「ブランドの'考え方'」／68
- 企業／経営理念と「ブランドの'考え方'」／68
- 「ブランドの'考え方'」で企業／経営理念と事業の現場を
  つなぐ／70
- 「ブランドの'考え方'」を「約束」として表明する方法／72
- 'ブランドプロミス'について／73
- 理念体系の整理／75
- 「自分ゴト化」への取り組みに必要な5つの視点／76
- 「自分ゴト化」の3つの実施アプローチ／78
- 「自分ゴト化」における勉強会，研修会の実施方法／80
- 「自分ゴト化」におけるワークショップの実施と
  その基本フロー／82
- 社内浸透に向けた主なツールと施策／90
- 「行動指針」をアウトプットとするワークショップに
  ついて／92
- 「行動指針」策定のポイント／94
- 「行動指針」策定に向けたワークショップの進め方の例／96
- 「行動化」をどう考え，どう取り組むか／99
- トップの意向の社内浸透に関する問題点／105

第6章　インターナル・ブランディングの実践事例

≪実践事例1≫ワークショップで行動指針と
　　　　　　　顧客への約束を策定したABC社の事例／114
- 「実践事例1」におけるブランディングの前提／114
- ワークショップの開催に向けて／115
- 第1回ワークショップ／118
- 第2回ワークショップ／128
- ワークショップ終了後の精緻化作業／133

- 顧客に訴求するキーワードの策定／134
- 行動指針の精緻化／138

≪実践事例2≫新ビジョンと行動指針の社内浸透を推進する
　　　　XYZ社の事例／145
- 「実践事例2」におけるブランディングの前提／145
- 実施項目の展開／146
- プロジェクトサイトを立ち上げて社内情報を受発信／157
- XYZ社の社内浸透・活性化活動（インターナル・ブランディング）の特徴／159

第7章　インターナル・ブランディングの応用

- インターナル・ブランディングの基本ステップと
  事業戦略／162
- 応用事例Ⅰ：中期事業計画を策定した住宅設備機器メーカー
  D社／165
- 応用事例Ⅱ：事業活動の推進体制の構築に取り組んだアパレル
  メーカーE社／173
- 応用事例Ⅲ：部署ごとの業務指針を策定した食品メーカー
  F社／180
- インターナル・ブランディングを応用して計画や指針等を策定
  する際の留意点／183

巻末インタビュー

• 南海電気鉄道株式会社　ブランド統括部

　　部長　渡辺幸代氏／188

• 株式会社村田製作所　　医療・ヘルスケア機器事業統括部

　　統括部長　萩原盛太郎氏／197

• 日本全薬工業株式会社（ゼノアック）

　　代表取締役　福井寿一氏／206

あとがき／215

第 **1** 章

インターナル・ブランディング とは何か

インターナル・ブランディングの前に

　ブランディングといえば，一般的に顧客や生活者等，企業の外にいる人々を対象に実施するものと考えられます。企業は自社の製品やサービスをブランドロゴというシンボルを通じて顧客や生活者に提供しようとするわけですから，そう考えられるのはもっともなことです。

　ブランディングやブランド戦略を推進している企業では，インターナル・ブランディングへの関心が高まっており，多くの企業がすでに取り組んでいますし取り組みを検討しています。しかし，顧客や生活者等を対象としてブランディングに取り組んでいる企業にとってブランドは商品やサービスを売るための手段であり，そうした認識を持つ企業にインターナル・ブランディングの必要性はあまり認識されないかもしれません。

　また，機械や部品，素材等の生産材を扱い企業間取引を行うB to B（Business to Business）企業にとって，'ブランド'は主に消費材を扱う企業，つまりB to C（Business to Consumer）企業が必要とするものと認識されていることが多く，自社のビジネスにブランドは必要ない，関係ないと考えられていることもよくあります。しかし，生産財を扱う企業でもブランディングは言うまでもなく，インターナル・ブランランディングに取り組んでいる企業はたくさんあります。実際，私自身もB to B企業からインターナル・ブランディングの相談をいただきますし，様々なB to B企業のお手伝いをしています。

　インターナル・ブランディングは生産材を扱うか消費材を扱うかに関係なく，あるいは業種や業態に関係なく，どのような企業でも取り組むことができます。企業のトップと社員が価値観や方向性を共有したり，社員のモチベーションを高めることは，企業経営にとって重要な課題です。インターナル・ブランディングは，その課題に取り組む方策のひとつとして活用することができるのです。

　そのようにブランドは経営課題への方策として活用できるにもかかわらず，やはり偏った見方，捉えられ方がされています。問題は'ブランド'という言葉にあるかもしれません。'ブランド'というと高級商品のブランドのこと，ある

いは先述のように消費材を扱う企業だけに必要，マーケティングあるいは販売促進の手段や広告宣伝活動等と認識している企業やその経営者は，'ブランド'と聞くだけで自社のビジネスや日頃の業務とは関係ないと考えてしまいます。しかし，自社のビジネスを通じて顧客や生活者に製品やサービスを提供し，それが顧客・生活者にとって価値があると認められ受け入れられている企業には，'ブランド'が存在するはずです。ブランドは信用力であり，企業の名称やシンボルマークがそれを象徴します。それらは，ひとつの企業の中で取り扱う製品やサービス，事業領域や対象顧客が違っていても社内で共有できるものであり，社員はそれを使って事業活動や日々の業務活動を行っているはずです。インターナル・ブランディングは，社内でトップも社員も共有できる'ブランド'を共通の旗印として実施する社内活動なのです。

　なお，本書では，以降，顧客や生活者を単に「顧客・生活者」と表記します。

インターナル・ブランディングの目的

　インターナル・ブランディングは「社内からブランドを強くする活動」であり，「社内からブランド価値を高める活動」ということができますが，2つの大きな目的が考えられます。

　ひとつは，「ブランドの社内浸透を図る」ことです。それはブランド的な視点から見た目的です。それはつまり，

- ブランドに対する社内の認識を高める。
- 自社ブランドが提供する価値や方向性を社内で共有する。
- 社員が自社ブランドらしい行動をするようになる。

ということであり，それを実現するために何をしなければならないかを考え実践します。

　もうひとつは「社内の活性化を図る」ことです。これは経営的な視点での目的と言えます。社内や組織の活性化については多くの企業が様々な施策に取り組んでいますが，インターナル・ブランディングでは，「ブランドを基軸に社内の活性化を図る」ということになります。その視点では次のようなことに取

り組みます。

- 企業及び事業のビジョンやミッションに対する社内の認識を高める。
- 方向性や価値観についてトップと社員のベクトル合わせをする。
- 社員の意識やモチベーションを高め，より良い社内環境や企業風土をつくる。

　場合によっては，「企業理念や経営理念を再認識させ，そのさらなる浸透を図る」といったことも挙げられます。これらは企業にとって常に検討すべき課題であり，'ブランド'とは関係ないことのように思えるかもしれません。しかし，'ブランド'の機能や役割を的確に理解していれば，ブランドを基軸にこうしたことを，より効率的に実施することができるようになるものです。つまり，インターナル・ブランディングは社内的な課題に対処する施策でもあると言うことができるのです。ブランドの機能や役割については第2章で説明します。

インターナル・ブランディングの基本的な考え方とフロー

　インターナル・ブランディングの具体的な取り組み方や進め方は第5章以降で詳細に説明しますが，ここで基本的な考え方とフローを紹介します。

　インターナル・ブランディングへの取り組みの前提となるのは，最初に自社のブランドとはどういうものであるかということを社員が認識することです。そのもとで当該のブランドらしい行動ができるようにすることがインターナル・ブランディングの要点です。端的に言うと，「認識」から「行動」につなげていくことなのですが，「認識」とはすなわち，自社のブランドのことを認知・共有して理解することであり，それを促すことが最初の取り組みとなります。そこからブランドに共感し納得できるようにしなければなりませんが，それができれば自発的な行動につながっていきます。つまり，インターナル・ブランディングは図表1-1に示すように，「認知・共有→理解→共感・納得→行動」というフローで進めていくことが基本です。図表1-1の「認知・共有」では，社員が自社のブランドを認知できるようにするにはどうすればいいかを

考えなければなりません。その後の「理解」「共感・納得」「行動」についても同じことが言えます。そして，最終的に「浸透・定着」に向かうわけですが，それにはゴールはなく，「浸透・定着」したと判断できたとしてもそれを維持するために何をすべきかを考え実践し続けなければなりません。インターナル・ブランディングに終わりはないのです。

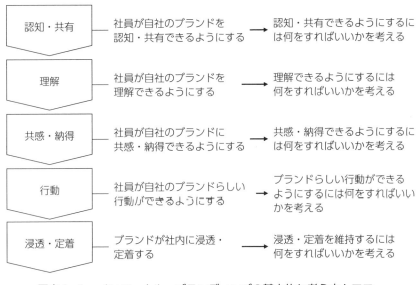

図表1-1　インターナル・ブランディングの基本的な考え方とフロー

なぜインターナル・ブランディングが重要か

　企業は，事業活動の中で様々な商品やサービスを顧客・生活者に提供します。それらが価値あるものとして認知され受け入れられることによって，そこに付けられた名前やシンボルマークがあれば，それがやがてブランドとなります。
　一方，事業活動において日々業務を実践しているのは社員です。直接的であれ間接的であれ，社員は自社の'ブランド'という看板を背負って顧客・生活者

のために業務を実践しています。その社員が自社のブランドを認識し，ブランドを通じて提供すべき価値を理解しなければ，それが顧客・生活者に伝わり，認知され理解されることはありません。

　したがって，ブランド価値を高めるには，外に対して目を向けるだけでなく，社内にも目を向ける必要があります。つまり，社員を巻き込んでブランディングに取り組むことは必然的なことなのです。インターナル・ブランディングは，社内からブランドを強くし，その価値を高める活動であると先述しましたが，ブランド価値が高いということは，顧客・生活者から選ばれ続けているということです。選ばれ続けるには，顧客・生活者にとって価値がある製品やサービスを提供し続けなければなりません。そのためにも，社員はその価値を象徴的に表す自社のブランドのことを的確に理解し，それにふさわしい行動を実践し続けなければならないのです。先ほど，インターナル・ブランディングの目的について「ブランド的視点」と「経営的視点」からそれぞれ３項目挙げましたが，それらと相俟って，インターナル・ブランディングの重要性が分かるのではないでしょうか。

インターナル・ブランディングの対象

　インターナル・ブランディングを実施する対象は言うまでもなく社員です。しかし，その実践にあたっては，トップマネジメントが社内に浸透させるべきブランドの価値や方向性あるいは方針を明確にし，社内に示さなければなりません。インターナル・ブランディングは単なる社員向けの研修ではなく，トップマネジメントと社員がブランドを共有して実践するものであると言えます。したがって，トップマネジメントも対象となるわけであり，トップマネジメントも自社のブランドの理解に努めなければなりませんし，本来的にはインターナル・ブランディングにコミットする責任があります。トップマネジメントと社員がブランドの価値観や方向性を共有し，社員同士がそれを共有できるようにしなければならないのです。

　ここで，花王の元社長である常盤文克氏が自著の中で非常に示唆に富んだこ

とを書いておられるので，それを紹介しておきましょう。常盤文克氏は『コトづくりのちから』[1] の中で，「どんな会社にしたいか，どんなモノを創りたいか──。トップの掲げる将来像やビジョンにみんなが共感し，相互の意思疎通がよくとれていて，社員一人ひとりが自分の役割を意識して思う存分働ける会社には，活気があるものです。」と述べています。

　この言葉は常盤氏が実際に色々な企業を見て回り，その中で活気があると感じた企業について書かれたものとのことです。ここから分かることは，トップはまず将来像やビジョン，すなわち「どんな会社にしたいか，どんなモノを創りたいか」を掲げなければならないということです。それに対し社員が共感するには「相互の意思疎通」をよくとらなければならず，それができた結果と「社員一人ひとりが自分の役割を意識して思う存分働ける」ようになり「活気」が出ると言うのです。この「相互」とは，社員相互と理解できますが，「トップと社員」も含まれると解釈できます。もちろんこの言葉はインターナル・ブランディングについて書かれたものではありませんが，そのエッセンスを表現しており，インターナル・ブランディングに置き換えて考えることができると私は考えています。

インターナル・ブランディングに期待される成果

　ブランドは企業と顧客・生活者を結ぶ旗印（シンボルマーク）であり，業務内容や職種を越えて全社員が共有できる社内共通のマークでもあります。それを活用して実施するインターナル・ブランディングは，ブランディングにおける重要な施策のひとつです。また，ブランド価値の向上を図る手段であるとともに，効率的な社内活性化の施策でもあります。

　「ブランドの社内への浸透・定着を図る」ためにインターナル・ブランディングに取り組むことで期待される成果としては，次のようなことが挙げられます。

---

1)　常盤文克著『コトづくりのちから』（日経BP，2006年）

- 社員が自社ブランドに関心を持つようになる。
- 社員がブランディングは他人ごとではなく，自分（たち）のことであるという自覚を持つようになる。
- 社員が自分自身もブランディグに参画しているという意識を持つようになる。
- 社員が自社のブランド価値を高めるために，何をし，どう行動しなければならないかを考えるようになる。
- 社員が自社（ブランド）らしさとは何か考えるようになる。
- トップマネジメントと社員が，自社ブランドの提供価値や方向性，方針を共有できる。
- トップマネジメントがブランドを認識し理解を深めるきっかけになる。

　これらを見ると，インターナル・ブランディングは，ブランドを通じて社員の意識変革を促し社内活性化を図るとともに，企業体質の強化につながる施策であることが分かるのではないかと思います。多くの企業がすでに取り組んでいる社員の意識変革や組織活性化に向けた様々な施策と異なる点は，インターナル・ブランディングでは最終的にブランド価値を高めるという目的があるということです。そして，社内外あるいはトップマネジメントと社員が共通のシンボルマークのもとで目的を共有することができるので，より効率的かつ効果的に社員教育や社内活性化に取り組みやすくなるだけでなく，事業を意識しながらそうした社内活動を実践することできるようになります。インターナル・ブランディングは「顧客・生活者に選ばれるようにするための社内施策」であり，「事業成果につなげていくための活動」であると言うこともできます。

　ブランディングやブランド戦略を推進する企業の多くがインターナル・ブランディングに取り組もうするのは，こうした点に着目し期待してのことではないかと推察されます。

インターナル・ブランディングで企業の理念等の浸透を図る

　企業がインターナル・ブランディングに取り組む理由や目的のひとつとして，「企業理念や経営理念を再認識させ，そのさらなる浸透を図る」ということを挙げましたが，それについて説明しておきましょう。

　どの企業にも，企業理念や経営理念，社是や社訓，あるいは行動指針や行動規範等があるかと思います。名称は様々ですが，こうした理念や指針等は，企業経営のバックボーンであり，価値の判断基準となるものなのでとても大切です。したがって，本来は全社員がその存在を認識し意味するところを理解していなければなりません。実際，理念等について社内教育の機会を設定しその浸透と理解に取り組んでいる企業はたくさんあります。

　理念や指針等を額装して社員の目につくところに掲示したり，理念カード等を作成して社員が携行できるようにしている企業も少なくありませんし，朝礼等で唱和する企業もあります。

　しかし，時間の経過とともに社員数が増えるにつれて，それらに対する認識が希薄になったり，社内の理解浸透を図ることが難しくなっているという声を聞くことがありますし，どう対応したらいいかについて相談を受けることもあります。理念や行動指針等の浸透に関して挙げられる課題としては以下のようなものがあります。

- 企業としての価値観や方向性を共有できない。
- 理念や社是等はあるが，お題目化している。
- 行動指針はあるが，形骸化している。
- 事業や業務における判断基準がバラバラである。
- 理念的な社内研修が必要と思うが，何をどう実施していいか分からない。

　これらはブランディングとは直接的には関係ないように思えるかもしれませんが，インターナル・ブランディングによってこうした課題に対処しようとする企業もあります。

　コーポレートブランドは，その企業の理念や価値観を反映しています。また，コーポレートブランディングにおいて理念や価値観は，「当該ブランドをどのようなブランドにしていくのか」という方向性や方針を策定するための前提あるいは基盤となります。したがって，コーポレートブランディングに取り組む際には企業の理念や価値観を確認しなければなりません。その一環で実施するインターナル・ブランディングにおいては，社員にそれらを再確認する機会を設定することができます。理念研修を適宜実施することは大切ですが，ブランディングと関連づけてそれを実施することで，理念等に対する社員の認識を深めることができるのです。

　行動指針等についても同様のことが言えますが，インターナル・ブランディングではその一環で行動指針等を策定することもあります。それについては後の章で詳しく説明しますが，その際に，行動指針等について社員が考え，その必要性や在り方を認識する機会を設定することもできます。

　企業の理念等の社内浸透や再認識のためにインターナル・ブランディングを実施するということはありませんが，それを実施する機会としてインターナル・ブランディングを活用することができます。

第 2 章

ブランド，ブランド戦略，ブランディング

　インターナル・ブランディングに取り組むには，ブランドやブランディング，そしてブランド戦略の意味を理解しておく必要があります。それらについては拙著『戦略的ブランド経営』（中央経済社）に詳しく書いているので，そちらを参考にしていただければと思いますが，この章では同書に基づき補足を加えながら概要を説明します。

ブランドについて

　ブランドは，その言葉を使う人によって，あるいは使われる状況や目的に応じて様々に解釈され定義も異なります。ブランドがその一側面だけで捉えられたり語られる場合がありますし，誤認されていることもよくあります。

　ブランドというと，「シャネル」「ルイ・ヴィトン」「ロレックス」や「ベンツ」といったラグジュアリーブランドを最初に想起するかもしれませんが，ブランドはそれだけを指すわけではありません。しかし，ラグジュアリーブランドを考えればブランドを理解しやすくなります。

　例えば，先程挙げた「シャネル」や「ルイ・ヴィトン」といったブランドのバッグは高額で，誰もが簡単に購入できるものではありません。しかし，モノを入れて運ぶという'機能'だけを求めるならば，高額なお金を出さなくても安くて丈夫なバッグはいくらでもあります。また，時間を知るというだけなら「ロレックス」のような高級腕時計でなくても，高性能で安い時計はたくさんあります。車にも同じことが言えます。乗って移動するだけならば，「メルセデス・ベンツ」や「BMW」といった高級車でなくてもかまいません。ではなぜ，私たちはそうしたラグジュアリーブランドに憧れたり，多額のお金を払ってでも購入したりするのでしょうか。その理由は個人によって異なりますが，機能や品質以上に選択し購入したくなる魅力があるからです。それがブランド力というものです。

　バッグ，時計，車のブランドの例を挙げましたが，モノを入れて運ぶ，時間を知る，乗って移動するといった機能はブランドの「機能的価値（functional value）」です。一方，好き，こだわり，満足感，期待感，価値観に合うといった感覚的な要素は，ブランドの「情緒的価値（emotional value）」と言うことができます。優れたブランドは「機能的価値」と「情緒的価値」の両方を兼ね揃えているものですが，場合によっては，「情緒的価値」が「機能的価値」よりもそのブランドを選ぶ理由となることはよくあります。むしろ，「情緒的価値」がブランドの価値を高めているとも言えます。このことは，ラグジュア

リーブランドだけでなくあらゆるブランドについて同じことが当てはまります。もちろん，選ばれ続けるには機能的価値が高くなければなりません。

　話を元に戻しましょう。前述のようにブランドについては様々な定義や解釈がなされますが，何が正解で何がそうでないかは一概には言えません。したがって，「ブランドとは○○」であるとひとことで語り定義するのは難しいのですが，私はブランドの機能や役割を，次のような家の絵（図表2-1）を使って説明しています。

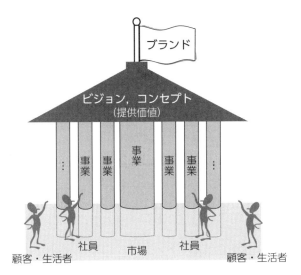

図表2-1　ブランドは存在を示す'旗印'

ブランドの機能と役割

ブランドは存在を示す旗印

　図表2-1の家の絵を見れば分かるように，ブランドは家の天辺に設置された「旗印」のようなものです。旗印を設置する目的は，「存在を示し認知されるようにするため」です。つまりブランドは企業にとって「存在を示す旗印」となります。

　次に，旗が設置された屋根を支えている一本一本の柱ですが，これらは「事業（商品やサービス等）」を表します。事業がしっかりしていれば旗はしっかりと安定しますし，それを見ている人に安心感や信頼感を与えます。しかし，事業において問題が起こったりすると，柱はぐらつき家全体が不安定となります。そうなると旗も一緒にぐらついて不安定になってしまい，それを見ている人に不安感や不信感を与えてしまいます。いつの時代も企業の不祥事が発生しますが，それはブランドに対する信頼を損ね，ブランド価値の低下につながってしまいます。つまり，「ブランドに傷がつく」のです。こうしたことから分かるように，ブランドは広告や宣伝でつくるものではなく，事業によってつくられるのであり，事業を通じて育成・強化するものなのです。したがって，事業の中でその価値が高まることもあれば，下がることもあります。

　また，柱が支えている屋根は，ブランドの「ビジョン」や「コンセプト」あるいは「提供価値」等を表します。屋根は柱（事業）によって支えられますが，一本一本の柱は屋根という共通の価値観のもとで存在しています。つまり，事業内容が異なろうとも，ひとつの旗印（ブランド）のもとで事業活動をするならば，価値観を共有し同様の価値を提供しなければなりません。もしブランドを通じて提供する価値が異なるならば，本来は別の旗印，つまり異なるブランドで事業活動を実践するべきです。

　このことはブランドを拡張（エクステンション）して使用する際に，注意が必要です。ブランドの認知度が高まると，どうしても提供価値やコンセプトが異なる事業や製品の領域にもそのブランドを使いたくなるものです。コンセプトが異なっても同じブランドを使っている事例は時々見られます。市場に認知されたブランドを使ったほうが，モノを売りやすくなったり事業展開をしやすくなったりするからです。しかし，それがオリジナルのブランドの価値を下げたり，アイデンティティを希薄化することにつながりかねないので慎重に検討しなければなりません。

　柱の下にいる人ですが，これは「旗印（ブランド）」を背負い，そのもとで事業活動や業務活動を日々実践する社員を表します。俗に，「社員は会社の看板を背負って仕事をする」という言い方がされますが，まさにそのことと符合

します。ブランド価値を高めるならば，旗印が象徴する自社のブランドのビジョンや提供すべき価値を社員が理解する必要があり，事業の中でその価値を具現化する活動や行動をしなければなりません。インターナル・ブランディングに期待される成果として，「社員が自社のブランド価値を高めるために，何をし，どう行動しなければならないかを考えるようになる」「トップマネジメントと社員が，自社ブランドの提供価値や方向性，方針を共有できる」といったことを挙げましたが，そう考えると，インターナル・ブランディングがなぜ必要かが分かるのではないでしょうか。

ブランドは選択の判断基準

　柱の外にいる人は顧客・生活者です。この人たちは個々の柱（事業）の内容や屋根（ビジョンや提供価値）の内容を知らなくても，屋根の天辺に設置された旗印（ブランド）を見て様々な判断を下します。何を判断するかというと，大きくは次の3つのことが挙げられます。

- そのブランドは信用できるかどうか。
- そのブランドはニーズを満たすかどうか。
- そのブランドは期待（価値観）に応えてくれるかどうか。

　顧客・生活者はこうした基準に基づいて，最終的に当該のブランドを選択するかどうかを判断します。つまりブランドは，顧客・生活者にとって「選択の判断基準」となるのです。信用できない，あるいはニーズを満たさなければ，ブランドを云々する以前の問題で，当然，選ばれることはありませんし，事業として成り立ちません。3つ目の「自分の期待（価値観）に応えてくれるかどうか」ですが，価値観や期待は顧客・生活者によって異なります。そこにブランドの難しさがあります。信用できること，ニーズを満たすことは当たり前ですが，顧客・生活者の期待（価値観）に応え続けるためには顧客・生活者が何を求めるのかを常に把握しようとする努力が必要です。そして，この3つの基準を満たしたブランドが選ばれるブランドとなるのです。

ブランドは約束であり，安心と信頼の旗印

　ブランドの機能・役割を別の側面から見てみましょう。ブランドは企業にとって「存在を示す旗印」と説明しましたが，同時にブランドが提供する価値を象徴的に表すシンボルでもあります。したがって，旗印であるブランドを掲げるということは，期待される価値をいつも提供するということを顧客・生活者に約束するということです。つまりブランドは，企業にとって「顧客・生活者に対する約束」と言えます。約束である以上，守らなければなりません。それが守られなかったとき，顧客・生活者はそのブランドから離れて行ってしまいます。そうしたことがないよう，企業は常にブランドが象徴する価値を，事業を通じて具現化して提供し続けなければなりません。

　一方，企業が約束を守り期待する価値を提供し続けると，顧客・生活者は価値の象徴であるブランドに安心感や信頼感を抱くようになります。こうしてブランドは，顧客にとって「安心と信頼の旗印」となります。

　さらに，ブランドが顧客・生活者にとっての「安心と信頼の旗印」として認識されるようになると選択され続ける機会が高まり，企業に中長期的に安定した利益をもたらすようになります。つまりブランドは，企業にとって「中長期的かつ安定的な利益の源泉」になるとも言えます。

事業成果を蓄積する機能

　ブランドにはさらに重要な機能があります。図表2-2を見て下さい。一番上のボックスに「コンセプト」とありますが，これは図2-1の家の絵で説明した屋根，つまりブランドの「ビジョンやコンセプト，提供価値」にあたりますが，それはあらゆる事業活動の拠り所となる，ブランドの'考え方'となります。

　2つ目のボックスの「事業活動」には，様々な活動が考えられます。例えば，営業や販売促進，マーケティングや企画・開発といった活動があります。広告宣伝活動もそのひとつです。それらはすべて顧客・生活者にとっての価値を生み出す活動であり，その上にある「コンセプト」に基づいて一貫性をもって実

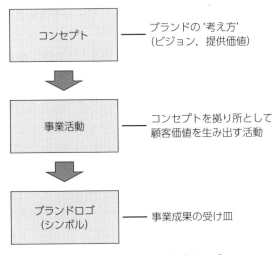

図表2-2　ブランドは事業成果の受け皿

践されなければなりません。

　事業において実践された活動の成果は，3つ目のボックスである「ブランドロゴ」に蓄積されていきます。つまり，「ブランドロゴ」は事業活動の成果を蓄積する「受け皿」のような機能としてその役割を果たします。企業が事業の中で実践した活動に対し，顧客・生活者が自分にとって価値があると判断すれば，その活動の成果を蓄積した「ブランドロゴ」は価値のある「ブランド」として認知され選ばれるようになります。しかし，そう判断されなければ選ばれることはありせん。それはつまり，活動の成果が顧客・生活者にとって価値がなかったことであり，改善がなければやがて淘汰されることになります。

　事業活動の成果は，顧客・生活者に対するブランド調査を実施することで，把握することができます。当該ブランドに対する評価が高ければ，その事業活動を通じて顧客価値を生み出したと判断することができます。しかし，見込んだような評価がされなかったり，評価が低かったりすれば，それは顧客価値を生み出せなかったと判断できます。その原因は色々と考えられますが，ひとつはコンセプトと事業活動に一貫性や整合性がなかった，すなわちコンセプトに基づく事業活動が実践されなかったことが挙げられます。また，コンセプトと

事業活動に一貫性や整合性があったとしても，個々の事業活動に一貫性がなくバラバラで実施されたと考えることもできます。さらに，最初に設定した「コンセプト」がそもそも顧客価値と乖離したものということもありえます。

　顧客・生活者に対するブランド調査を実施しなくても，長く選ばれ続け企業に利益をもたらしているブランドは，顧客・生活者にとっての価値を提供できているブランドと考えていいでしょう。他にブランドには「法的保護（商標として権利を保護される）」「責任所在」「品質表示」「出所表示」「差別化」といった機能があります。

≪まとめ1≫

- ブランドは，企業にとって「存在を示す旗印」であり，顧客・生活者にとって「選択の判断基準」である。
- ブランドは，企業にとって「顧客・生活者に対する約束」あり，顧客・生活者にとって「安心と信頼の旗印」である。
- ブランドは，企業にとって「中長期的かつ安定的な利益の源泉」である。
- ブランドは，事業活動の成果を蓄積する「受け皿」のような機能を果たす。

ブランド戦略と3つの'R'

ブランド戦略とは

　「Apple」や「Microsoft」あるいは「amazon」「Google」といった，おそらく世界の誰もが知っているグローバルブランドも，最初から今のように存在価値が認められたブランドであったわけではありません。また，それぞれのブランドの創業者も，最初から強いブランドにしようなんて考えていなかったかもしれません。彼らは世の中にないモノやサービス，あるいは仕組みをつくり出し，長年にわたってぶれることなく事業活動を通じて顧客・生活者にとっての

価値を提供し続けています。そして，それぞれのブランドロゴにその成果が蓄積された結果，「Apple」「Microsoft」「amazon」「Google」は世界に浸透し，その価値が認められるグローバルブランドになったのです。

　私は，こうしたブランドの多くは事業活動の結果，偶然にそうなったのではないかと考えています。しかし，結果論ではありますが，そこにはそうしたブランドになる要素が内在していたのであろうと推察しています。つまり，意図しなかったとしても，なるべくしてなったブランドであると言えます。共通しているのは，それぞれの創業者である，スティーブ・ジョブズ氏，ビル・ゲイツ氏，ジェフ・ベゾス氏，ラリー・ペイジ氏とセルゲイ・ブリン氏の熱い想いとぶれない精神，そして顧客・生活者にとっての価値を具体的な形にして提供したことです。

　話はそれましたが，事業成果がブランドロゴに蓄積されるまでには時間がかかります。しかし，時間をかけて偶然にブランドになるのを待ってはいられません。そこで，必然的かつ‘戦略的に’ブランドを育成・強化したり，ブランド価値を高めようとする取り組みが必要となります。それが「ブランド戦略」です。

　「ブランド戦略」というと，何か特別なことをしなければならない難しいことのように思えるかもしれません。確かに難しいことをしなければならないのですが，ブランド戦略とは何かについて説明する際，私は「ブランド戦略とは‘支持獲得の戦略’である」と言っています。

ブランドと３つの‘R’

　誰の支持を獲得するかについてですが，まずは言うまでもなく「顧客・生活者」です。その支持がなければブランドにはなりえませんが，それを獲得するには顧客・生活者にとっての価値を提供することで顧客満足を高め続ける努力が不可欠です。大切なことは「高め続ける」ということです。それができれば，ブランドと顧客・生活者の間にやがて良い関係性，すなわちRelationship（リレーションシップ）が構築されます。それが「３つの‘R’」のひとつである「Customer Relationship（＝CR）」です。

　しかし，ブランド戦略ではCRだけでは十分とは言えません。次に獲得しな
ければならないのは「社員の支持」です。社員に自社ブランドが支持されるに
は，社員にとってのブランド価値を高め続けなければなりません。社員にとっ
てブランド価値が高いということは，自社のブランドを活用することでビジネ
スがしやすくなるというだけでなく，自社のブランドに愛着を感じ，自信や誇
りを持てるようになるということです。それによってブランドと社員との間に
良い関係性が築かれます。それが2つ目の'R'である「Employee Rela-
tionship（＝ER）」です。ERを構築するためにも会社側は，社員が自社のブラ
ンドの強みや提供価値を理解し，方針を共有できる施策を実践して社内からブ
ランドを育成・強化できる環境を整備しなければなりません。そのために，イ
ンターナル・ブランディングが必要となるのです。

　「企業の社会的責任（CSR＝Corporate Social Responsibility）」は企業にとっ
て避けることのできないテーマであり，昨今ではESG（Environment：環境，
Social：社会，Governance：統治）やSDGs（Sustainable Development Goals：
持続可能な開発目標）への取り組みは重要な経営課題となっています。また，
経済的価値（＝利益）と社会的課題解決を両立させるCSV（Creating Shared
Value：共有価値の創造）に注力する企業もある等，社会問題を見据え，社会
的課題解決という視点から事業に取り組む企業が増えています。そうした中で
は，ステークホルダー（利害関係者）だけでなく，社会に貢献して社会からの
支持を獲得し，社会と良い関係性を築けるよう努めることが今後益々重要と
なってくることでしょう。これは「Social Relationship（＝SR）」と呼ぶこと
ができます。SRを構築することを目的としたブランディングを，私は「ソー
シャル・ブランディング」と呼んでいます。

　上場企業の場合は，株主価値を高め株主との良い関係性を構築する必要があ
ります。これはIR（Investor Relations）です。拙著『戦略的ブランド経営』
では，CR，ER，SRにこのIRを含めて「4R」としていましたが，本書ではIR
を割愛し「3R」として紹介しています。

　支持を獲得しブランド価値を高める上で重要な視点である「CR（顧客・生
活者）」「ER（社員）」「社会（SR）」という「3つの'R'」を下の図表2-3で

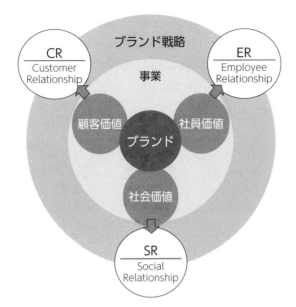

図表2-3　ブランドと3つの'R'

まとめています。

　この図から言えることは，ブランド価値を高めるには，事業活動において顧客，社員，社会にとっての価値を創造しなければならず，それが関係性の構築につながるということです。そして活動成果はすべて図の中心にある「ブランド」に蓄積され，ブランドがそれぞれにとっての価値を判断する基準となるのです。つまり，ブランド価値を高めるとうことは，事業において顧客，社員，社会にとっての価値を高めるということであり，それぞれの価値を高めることができればブランドと顧客，社員，社会との間に良い関係性が築かれ，最終的にブランド価値が高まるのです。

　企業は事業戦略によって収益性の向上を目指しますが，ブランド戦略は事業活動を通じて顧客・生活者や社員の支持の獲得を目指します。ブランドが支持を獲得できれば，それは収益性の向上につながります。つまり，事業戦略とブランド戦略は車の両輪のようなものであり，常に双方の戦略を一貫性と整合性

を持って実践しなければなりません。ブランドは，事業戦略をより効率的かつ効果的に実践するための潤滑油のような役割を果たしますし，そのように機能させることができるのです。ブランドは単なるマーケティングのツールではなく，経営的な視点で戦略的にその価値向上に取り組むべき経営資源なのです。

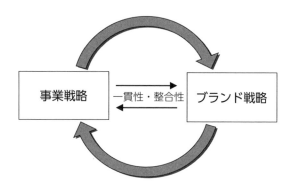

事業戦略　←一貫性・整合性→　ブランド戦略

図表2-4　事業戦略とブランド戦略が相互に機能する

ブランディングをどう考えるか

　ブランドの機能と役割，そしてブランド戦略について説明しましたが，次に「ブランディング」について説明しておきます。

　ブランディングは，ブランド戦略と同じ意味で用いられることがありますし，ブランディング戦略という言い方がされることもあります。一方，ブランディングというとブランドロゴをデザインしたり，ブランドを使ってマーケティングやプロモーション活動をすることと捉えられることもあります。これも「ブランド」という言葉と同じように，その言葉が使われる状況やその言葉を使う人によって捉えられ方が異なりますが，私は「ブランディング」という言葉を「ブランド戦略」という言葉と使い分けて用いています。

　ブランディングを考えるにあたっては，「戦略的ポジショニング」と関連づけて考えることが必要です。戦略的ポジショニングとは，他のブランドとの差

別化を図りながら競争優位の獲得に向けて，どのようなブランドとしてのポジションを取り認知されるべきかを企業の意思として決定することです。戦略的ポジショニングの意思決定をしたならば，ブランドと顧客・生活者との接点（タッチポイント）において，それにふさわしい製品やサービスの提供，技術開発，営業活動やマーケティング，あるいは広告宣伝等の販促活動（事業活動）を実践しなければなりません。

　こうした事業活動だけでなく，トップマネジメントが発するメッセージや社員の行動も，戦略的ポジショニングにふさわしいモノでなければなりません。こうして顧客・生活者の頭の中（マインド）にそのブランドに対するイメージや認知ができあがりますが，それは「マインドポジション」と呼ぶことができます。企業は戦略的ポジショニングに基づく事業活動によって，顧客・生活者の頭の中に意図したマインドポジションを確立することを目指さなければなりません。そのために大切なことは，個々の活動が戦略的ポジショニングと一貫性があることであり，全体を包括した活動にも一貫性があるということです。

ブランド・アイデンティティ

　戦略的ポジショニングに基づく一貫性ある事業活動が実践された結果，顧客・生活者の頭の中にブランドに対するイメージ（マインドポジション）ができあがりますが，それはそのブランドの「アイデンティティ」と言うことができます。アイデンティティは辞書では「自己同一性」等と説明されています。そういうと難しく思われますが，要するに，ブランドの名前を聞いたり，ロゴを見たりしたときに，「ああ，あれだ！」と分かることです。私はこの「アイデンティティ」を'らしさ'と呼んでいます。つまり，「ブランド・アイデンティティ」は，ブランドの'らしさ'となります。アイデンティティ，すなわち'らしさ'がはっきりしていれば，顧客・生活者の頭の中にブランドに対するイメージが想起されやすくなって選ばれる機会が高まりますが，希薄であれば存在が認められず，選ばれる機会を損失するということになってしまいます。

　ブランドは顧客・生活者に選ばれなければ意味はなく，選ばれなければそれは単なる名前やマークに過ぎません。存在が認められるには，しっかり認識さ

れるなんらかの特徴や個性がなければなりません。それが‘らしさ’，すなわちアイデンティティなのです。

ブランディングとは‘らしさ’づくり

　ブランドが‘らしさ’を手掛かりとして選ばれるには，顧客・生活者が自分あるいは自社にとって良いと思える価値を提供し続けなければなりません。こうした価値提供に戦略的に取り組み，戦略的ポジショニングに基づいて，そのブランドの‘らしさ’をつくることを，私は「ブランディング」と呼んでいます。つまり，ブランディングとは‘らしさ’づくりなのです。さらに補足して言うと，ブランディングとは「存在が認められ，選ばれる‘らしさ’づくり」です。選ばれるには‘らしさ’が必要です。‘らしさ’が明確でなければ顧客・生活者は，それを支持していいかどうかの手掛かりがなくなり判断しづらくなります。したがって，ブランド戦略を実施するには，まず‘らしさ’づくりとしての「ブランディング」に取り組まなければなりません。このようにして，私は「ブランディング」という言葉を「ブランド戦略」と区別して用いていますが，それが分かるよう，「ブランディングで‘らしさ’をつくり，ブランド戦略で支持獲得を目指す」という言い方をしています。

　選ばれる‘らしさ’づくりとしてのブランディングで成果を上げるには，日々の事業活動の中で業務を実践する社員が，自社のブランドが提供する価値やあるべき姿を理解しなければなりません。それを実現するための重要な施策のひとつがインターナル・ブランディングなのです。

ブランディングの基本ステップ

　ブランディングには様々な手段や方法が考えられますし，ブランディングの捉え方によって実施すべき内容も変わってきます。しかし，どのようなブランディングも基本的に図表2-5で示したステップで取り組むことができます。実際のところ，私は，クライアントから相談を受けたブランディングの課題に対し，この基本ステップに基づいて，取り組むべき課題を考えプロジェクトを

組み立てています。

　ではこのブランディングの基本ステップについて説明しましょう。

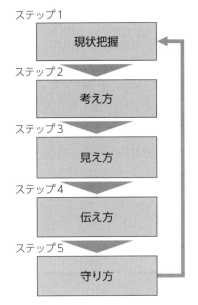

図表2-5　ブランディングの基本ステップ

【ステップ1】現状把握

　最初のステップは，ブランドの置かれた外部環境や内部環境を知り現状を把握するということです。特にブランディングにおける現状把握で大切なことは，ブランドの強みやこだわり，あるいは他との差異化点を見極め明確にすることです。

【ステップ2】考え方

　ステップ2は，ブランディングで最も大切なステップです。ここでいう「考え方」とは，端的にいうとブランドの「ビジョン」や「コンセプト」，「提供価値」等です。それらは，ブランドが顧客・生活者に価値を提供する基軸となるものです。ステップ2では戦略的ポジショニングに基づいて，そうした「ブランドの'考え方'」を策定します。このステップでのアウトプットはブランディ

ングに関わるあらゆる活動だけでなく，関連する事業の拠り所あるいは指針ともなりえます。その意味で非常に重要なステップなのです。

【ステップ3】見え方

　このステップは一言でいうと，ブランドロゴのデザインを中心に，目で認識できるビジュアル・アイデンティティ（VI）をつくることです。ブランドの機能・役割で説明したように，ブランドは存在を示す旗印であり，事業活動の成果を蓄積する受け皿となるVIをつくるステップです。気をつけなければならないことは，ブランディングにはブランドロゴが必要ですが，それをつくったからといってブランドになるわけではないということを認識しておくことです。ブランドロゴがすでに存在し変更する必要がなければこのステップは飛ばしても構いません。一方，ステップ2の「考え方」が明確になっている場合は，ブランドロゴのみをデザインするということもあります。このステップでは，ブランドロゴだけでなく，マーケティングやコミュニケーションを効率的かつ効果的に実践し，差別化や認知を高めるための様々なクリエイティブワークも入ります。

【ステップ4】伝え方

　このステップは，ブランドの強みや差異化点，「考え方」を情報化して分かりやすく的確に伝える基本方針や施策を考え実践するということです。それはブランド・コミュニケーションと呼ぶことができます。「伝え方」というと，WEBやメール，あるいは広告宣伝といったコミュニケーションの手段やツールを考えることと捉えられることが時々ありますが，そうではありません。ブランドの「考え方」に基づくブランドとしてのメッセージをどのように表現し，社内外に的確に伝えるかを考えます。広告のキャッチコピーのように短期的な視点ではなく，中長期的に訴求することを想定して考えなければなりません。一方，このステップでは，ブランドの視点からマーケティングに取り組む「ブランド・マーケティング」と連動させて検討することが必要となることもあります。

【ステップ5】守り方

　ブランディングでは，「考え方」，「見え方」，「伝え方」のそれぞれにおける

一貫性，そして全体としての一貫性があることが最も重要です。このステップは，それらがぶれないよう管理し統制することであり，一般的にブランドマネジメントと言います。ブランドマネジメントで管理すべき項目の中に社外コミュニケーションと社内コミュニケーションが挙げられます。インターナル・ブランディングは社内コミュニケーションの一環として実施されますが，ブランドマネジメントについては第4章で詳しく説明します。

　こうしてブランドの'らしさ'をつくりながら支持の獲得を目指すわけですが，その実践においては，繰り返しになりますが，事業戦略と整合性と一貫性を持って実施しなければなりません。

　図表2-4で「事業戦略とブランド戦略は車の両輪のようなものであり，常に双方の戦略を一貫性と整合性を持って実践しなければなりません」と先述しましたが，図表2-6のようにブランディングで「存在が認められ選ばれる'らしさ'づくり」に取り組みながらブランド戦略と事業戦略が相互に作用し合う環境をつくることは重要な経営課題であると私は考えています。

　ブランディングというと，ロゴ開発などのクリエイティブな作業をすること，すなわちステップ2で実施する作業として認識されることがありますし，ステップ3で検討する要素のひとつである販売促進や広告宣伝活動と捉えられていることは非常によくあります。こうした戦術的な視点ではなく，全体を見据えて戦略的にブランディングに取り組むことが大切です。

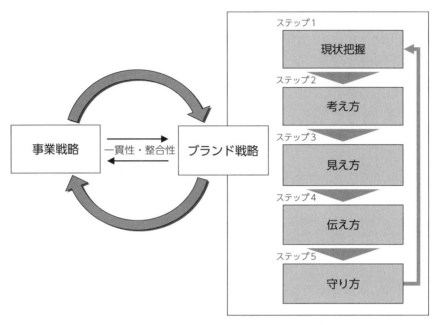

図表2-6　事業戦略，ブランド戦略，ブランディング

≪まとめ2≫
- ブランド戦略とは，支持を獲得する戦略である。
- ブランディングとは，選ばれるための'らしさ'づくりである。
- ブランディングで'らしさ'をつくり，ブランド戦略で支持を獲得する。

第 **3** 章

顧客満足（CS）と
インターナル・ブランディング

　顧客満足は，一般に「CS」（Customer Satisfaction）として認識されています。CSを高めることは企業経営において永遠の課題であり，多くの企業がCS向上に向けた社内活動や研修を実施しています。

　ブランド価値を高める上でCSを切り離して考えることはできませんし，CS向上のためにもインターナル・ブランディングは重要なテーマとなります。

　本章では，CSをどう考えたらいいか，CSとブランド及びインターナル・ブランディングの関わりについて考えてみたいと思います。

顧客満足（CS）について

　多くの企業が事業方針や事業ビジョン，あるいは行動指針等の中で「CS」に言及しています。CSが高くなければ顧客に選ばれることはありませんし，選ばれなければ企業として存続できませんので，これは当然のことでしょう。

　事業活動の目的は，顧客価値を提供して利益を上げることですが，その結果としてCSが高まっていなければなりません。したがって，事業活動の中で常にCSを意識するとともに，CSを高める活動への取り組みは不可欠です。企業のあらゆる事業活動はすべてCSにつながり，CSを高めることを主眼において実践すべきと言っても過言ではないでしょう。以下では，CSを高めるための社内活動を「CS活動」と表記します。

　企業においては，例えば，顧客・生活者の要望に迅速に対応できる体制や仕組みを作ったり，マナー研修を実施したり，CS意識を醸成するための研修や社員教育等のCS活動が行われています。特にサービス業においてCS活動は不可欠であり，接客力アップ等に向けた研修を実施している企業も多いことでしょう。しかし，昨今，企業に対する顧客・生活者の期待や要求レベルは高まっており，企業が必要と考える様々なCS活動を実践したとしても，顧客・生活者はそれを当たり前のこととして捉え，企業として注力しているはずなのにCSが高まらないということがありえます。

　CSはブランドと切り離して考えることのできないものですが，CS活動とブランドの関係を明確にするために，本章では，インターナル・ブランディングをはじめ，ブランディングやブランド戦略等，ブランドに関わる活動をCS活動と対比して「ブランド活動」と呼びます。

CS（顧客満足）が高い／低いというのは
どういうことか

　商品を買ったときや，店舗やレストラン，あるいは様々な施設やサービスを

利用した際，「選んで良かった」「買って良かった」と思ったことは誰にでもあるはずです。「この価格でこんなに品質がいい」「接客がとてもよかった」とか，「さすがだ」と感じたことがきっとあることでしょう。

　反対に，「選んで損をした」「買ってがっかり」と思ったこともあるのではないでしょうか。「この価格でこの品質か」だとか，「なんだこのサービス，この接客は」といったように，こうしたことはリアルの店舗や施設だけでなく，ネット通販では一層顕著に表されます。ネット通販は人と人が直接対面することがなく，ネットを通じた購入体験がCSと直接結びつき，その評価はネット上に反映され容易に拡散します。

　見知らぬ誰かが評価したコメントは，同様のモノを購入しようと考える人の意思決定に少なからず影響を与えます。読者の皆さんも，ネット通販で何かの購入を検討する際，対象となる商品や出品者に対するコメントを参考にして選択するかどうかを判断したことがあるのではないでしょうか。ネット通販では人が直接関わらない分，CSを高める創意工夫が一層重要となります。だからこそ，商品発送の速さや梱包の丁寧さ，あるいはトラブルが起こった時の対応に最大限注意を払わなければなりません。ひと昔前だと，注文した商品が翌日届いたり，梱包が丁寧であるだけでCSは高まりましたが，今ではそれらは当たり前のこととして認知され，CSを高める必要条件にもなっているとも言えます。

　話が少しそれましたが，選んで良かった，買って良かったと思うことができれば，顧客・生活者はその店舗やモノ，サービス等に満足できるはずですし，損をした，がっかりしたと思うと不満を感じるだけでなく，場合によっては怒りさえ感じてしまいます。

期待価値と体験価値

　私たちは，商品やサービス等を選ぶ際，事前になんらかの期待を抱きます。その期待とは，「これを使えばもっと便利になるだろう」とか，「良いものが安く買える」，あるいは「より良いサービスが受けられる」「楽しい時間が過ごせるだろう」といったように選ぶ対象によって様々です。要するに自分が必要と

したり求めること，あるいは欲しいと思ったことを満たしてくれるだろうと
いったことです。このような期待をもってその対象を検討し，購入したり利用
したりします。

　その結果，事前に期待したことを満たしていれば，選択した対象に満足でき
るはずですし，さらに「こんなことまでできるのか」だとか「ここまでやって
くれるのか」といったように，期待した以上のことを感じることができれば満
足度はさらに高まり，場合によっては感動さえ覚えることもあります。反対に，
事前に期待して購入，利用したモノやサービス等が，自分が必要とすることや
欲しいと思うことを満たさなければ当然，CSを得ることはできません。

　このことは，私たちに身近な商品やサービス，施設等だけでなく，企業の事
業活動についても同じことが言えます。「この企業ならばきっと自分が，ある
いは自社が必要とするもの，欲しいと思うものを提供してくれるだろう，きっ
と良い提案で応えてくれるはず」といったことを期待するからこそ，その企業
を選ぶわけです。したがって，CSを高めるために企業は，事業活動を通じて
その期待に応えられるよう努力し続けなければなりません。

　顧客・生活者が事前に期待した価値を「期待価値」，実際に体験し感じた価
値を「体験価値」と呼ぶとすると，CSとは「事前に期待する価値（期待価値）」
と「実際に感じた価値（体験価値）」との差であり，その関係は図表3-1のよ
うに表すことができます。なお，「体験価値」は「知覚価値」と呼ばれること
もあります。

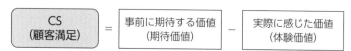

図表3-1　顧客満足（CS）とは期待価値と体験価値の差①

　「満足度が高い」というのは，事前に期待する価値（＝期待価値）よりも
「実際に感じた価値（＝体験価値）」のほうが高いということであり，それが
'期待以上'ということです。また，「期待価値」が「体験価値」と同等であれ

ば‘期待通り’として，顧客・生活者に満足してもらえます。しかし，「期待価値」より「体験価値」が低ければ，顧客満足を得られないだけでなく，顧客・生活者にとっての不満となり，クレームに発展することもあります（図表3-2）。

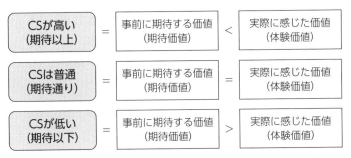

図表3-2　顧客満足（CS）とは期待価値と体験価値の差②

　このようにしてみると，顧客・生活者が実際に体験し感じた価値，すなわち「体験価値」を把握することが重要となります。また，事前にどのような価値を期待するのか，すなわち「期待価値」を知ろうとすることも大切です。先ほど，「（CS活動に）注力しているはずなのにCSが高まらないということがありえます」と記述しましたが，それは「期待価値」を捉えていないからと考えることができます。「体験価値」は顧客・生活者が実際に体験したことですので，満足度調査等によって把握することはできます。しかし，「期待価値」は事前の市場調査や顧客調査によってある程度傾向をつかむことはできるかもしれませんが，的確に把握することはなかなか難しいものです。「期待価値」をどう捉えるか，それがCS向上のポイントとなるのです。

　いずれにせよ，「期待価値」と「体験価値」の差は事業活動の結果として現れます。「期待以上」「期待通り」で顧客満足度が高ければ，また選んでもらえる可能性は高くなります。一方，「期待以下」であれば，選ばれなくなりやがて淘汰されていくことになります。

CSとブランドの関係

　ブランド活動に直接的に携わっている人には，CSとブランドの関係は敢えて説明するまでもないことかと思います。CSのないブランドはありえませんし，ブランド価値が高いということはCSも高いということです。

　第2章でブランドには事業活動の成果を蓄積する受け皿のような機能があると説明しましたが，企業の事業活動に対し，それを体験した顧客・生活者は，「期待以上」，「期待通り」，「期待以下」といった判断を下します。そのように判断された評価は良いことも悪いこともすべてブランドに蓄積されます（図表3-3）。当然，CS活動の成果もすべてブランドに蓄積されていきます。

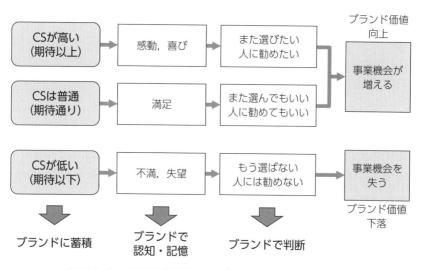

図表3-3　顧客は体験価値をブランドで認知し記憶する

　期待価値より体験価値が高ければ，「期待以上（＝CSが高い）」として顧客・生活者は感動したり喜びを感じたりしますが，その体験価値をブランドで認知し記憶します。そして，またそのブランドと触れたときに体験した良いイメー

ジが頭の中で想起され，ブランドが判断基準となって「あのブランドなら大丈夫，また選びたい」と判断するようになります。場合によっては「人に勧めたい」と思うかもしれません。ですので，顧客・生活者に感動や喜びを与えることのできるブランドは長く選ばれ続けるようになるのです。体験価値が「期待通り（＝CSが普通）」の場合でも，ブランドを見て「あのブランドならまた選んでもいい，人に進めてもいい」と判断しますが，それはブランドがまた選ばれる可能性を高めます。つまり，顧客・生活者がブランドを通じて感じた体験価値が「期待以上」「期待通り」であれば，ブランドが判断基準となってまた選択・推奨され，事業機会が増えるのです。

　一方，体験価値が「期待以下（＝CSが低い）」である場合も，それによって感じた「不満や失望」をブランドで認知し記憶します。そして顧客・生活者は「もう選ばない」あるいは「人には勧めたくない」ということをブランドで判断します。そうなるとブランド価値が下がるだけでなく，事業機会を失うことになってしまいます。さらに体験価値が期待以下であれば，そのブランドだけでなく，それと関連する他の商品や事業，あるいはそれを提供する企業そのものに不信感を抱き，ひどければその企業の製品は何も選ばないということにもなりかねません。CSに対する評価は顧客満足度調査等を実施することで把握できますが，ブランドに対する評価はブランドの好感度を見ることで推察することができます。特に再購入・再選択意向を見ることが重要です。

CS活動とブランド活動

　インターナル・ブランディングに携わっていると，「CS活動とブランド活動は同じではないか」，「CS活動さえ行っていればブランド活動はいらないのではないか」，あるいは「その2つの活動の違いがよく分からない」という声を耳にすることがあります。確かに，この2つの活動を明確に区別するのは難しいかもしれません。しかし，CS活動に注力している企業のブランド価値が必ずしも高いわけではありません。

　ところで，第2章の図表2-2（「コンセプト」→「事業活動」→「ブランド

ロゴ」の図）の２つ目のボックスは「事業活動」（顧客価値を生み出す活動）となっています。CS活動は事業活動のひとつであり，その成果はブランドに蓄積されます。したがって，CS活動はブランド活動に包含されると考えることができます。

また，同章の図表２-３「ブランドと３つの‘R’」では，ブランド価値を高めるには「C：Customer（顧客）」「E：Employee（社員）」「S：Society（社会）」のそれぞれにとっての価値を高めることで満足を高め，それらとの良い関係性の構築に努めることが重要であることを説明しましたが，ここからもCS活動はブランド活動のひとつであることが分かります。

では，なぜCS活動に注力しても必ずしもブランド価値が高まるわけではないのでしょうか。ブランド活動はCS活動を含む包括的な活動であり，ブランド価値を高めるにはCS活動以外の事業活動が必要であるということが挙げられます。また，CS活動に注力したとしても，その施策が顧客・生活者にとって‘当たり前化’あるいは一般化していて，CS向上のための必要条件となっていることが考えられます。そうなれば，CS活動に注力してもCSが高まらないわけですから，ブランド価値も高まらないということになります。時代の変化の中で，CSに求められるレベルや内容は常に変わっており，「顧客・生活者が期待することは何か」（＝期待価値），さらには「顧客・生活者にとっての価値（＝顧客価値）とは何か」を常に考え対応しなければなりません。

しかし，「顧客価値」に応えることは「期待価値」に応えるよりも難しくなります。なぜなら，「期待価値」は顧客・生活者が期待する何かがあるわけですが，「顧客価値」は，それだけでなく，顧客・生活者が気づいていない何かを想定しなければならない場合があるからです。ブランディングにおいては，そうしたことも考えブランドコンセプトとして明確にしなければなりません。ブランドコンセプトは顧客価値を生み出す事業活動の拠り所となるものでありとても重要です。したがって，自社の強みを認識し事業と整合性を持って慎重に検討しなければなりません。

そして，インターナル・ブランディングではそのコンセプトを社員が認識し，それに基づく行動を実現できるようにしなければならないのです。

CSやブランド価値の向上につながる顧客価値をどう考えるか

　先程，「期待価値」を把握することはなかなか難しく，「顧客価値」に応えることはさらに難しいと書きましたが，ブランディングにおいては，顧客・生活者がブランドに何を期待し，何に喜びを見出すのかという視点で提供価値やあるべき姿を考え明確にしなければなりません。それがブランドコンセプトです。顧客・生活者はそのコンセプトに基づく体験に期待しているのです。

　顧客・生活者がブランドに期待する体験を具現化するためのコンセプトをどのように考えればいいのでしょうか。そのヒントが世界的に著名な経営学者であるピーター・F・ドラッカー氏の次の言葉に見られます。ドラッカー氏は『断絶の時代』[2]の中で，「顧客は自らが求めるもの，必要とするもの，期待するものにしか関心をよせない。顧客の関心はつねに，この製品あるいはこの企業は自分に何をしてくれるかである。」と述べています。

　この言葉のポイントは「顧客の関心は，自分に何をしてくれるかである」という部分にあると私は考えています。まさにそれが顧客・生活者にとっての期待であり価値であると言えます。ドラッカー氏の言葉にブランドを当てはめると「顧客の関心はつねに，このブランドは自分に何をしてくれるか」と言い換えることができますし，それは「このブランドに自分は何を期待できるか」ということでもあります。それに応えようとすることがCSのみならずブランド価値の向上にもつながるのです。そのためにも，「あなたのためにこうしたことをしようとしている，あなたにとっての価値を提供しようとしている，だから期待して下さい」という考えや意思を明確にしなければなりませんが，それがブランドコンセプトを考えるヒントとなります。

　したがって，ブランドコンセプトを拠り所とする一貫性ある事業活動が実践されなかったり，コンセプト自体が顧客の価値や期待とずれたものであれば

---

2)　ピーター・F・ドラッカー著，上田惇生訳『断絶の時代』（ダイヤモンド社，1999年）

CSは得られませんし，ブランド価値が高まることはないのです。

'顧客第一' と '顧客価値第一'

　前節で「顧客価値」という言葉が出てきたので，話は少しそれますが「顧客第一」と「顧客価値第一」について考えておきたいと思います。

　コーポレートブランディングに取り組む際，私はその企業の理念や社是，行動指針，あるいは中期経営計画等を確認し，その企業の価値観や考え方，方向性の把握に努めるようにしています。その中でよく目にするのが「顧客第一」あるいは「お客様第一」という言葉です。

　「顧客第一」とは，顧客のことを第一に考え大切にする，顧客の要望や事情を自社の都合よりも優先して応えることと解釈できます。CSを高める上でそれは大切なことです。しかし，ブランド的には「顧客第一」よりも「顧客価値第一」と言う方が的を射ており，顧客のために何をするべきかを考えやすくなると思います。

　「顧客価値第一」とは「顧客にとって大切なこと，あるいは必要であると考えられること」を第一にすることです。顧客価値に応えるには顧客のことをよく知ろうとしなければなりませんし，顧客の視点や顧客の立場で考えることが必要です。顧客のことを第一に考えて応えることも顧客価値なのですが，顧客が当たり前に思っていることに応えたとしてもCSを高める上で十分でないこともあります。顧客にとって本当に大切なことや必要なことは案外，顧客自身も気づいていないことがあります。そうした潜在的な要望やニーズを抽出することはとても難しいことですし，提案するには勇気がいることです。「そんなことを求めていない」といったように拒否されることがあり得るからです。しかし，それが顧客に気づきを与え受け入れられたとき，顧客はその対応を期待以上として評価し，それが喜びや感動につながりCSはさらに高まります。

「自分に何をしてくれるか」 という関心に応える

　先程紹介したドラッカー氏の言葉を借りるならば，「『自分に何をしてくれる

か』という顧客の関心に応えること」が「顧客価値第一で考える」ことと言えるかもしれません。この考え方は，ブランドと顧客のより良い関係性（CR）を構築する上で非常に重要です。

　昨今は多くの企業が，'提案型営業' や 'ソリューションの提供' を標榜し，注力するようになっています。それがないと競合他社との差別化を図ったり，選ばれる企業として生き残っていくことが難しくなります。しかし，提案型営業を，御用聞き営業ではなく自社から積極的にアプローチして提案することと捉えているケースを見ることがありますし，顧客の要望に応えることがソリューションだと考えられているケースもあります。それらは本来あるべき '提案型営業' や 'ソリューションの提供' ではありません。大切なことは，顧客の状況を改善するために，顧客が求めている顕在的なニーズだけでなく，顧客が気づいていない潜在的な問題点やニーズを見つけ出し，それに応える提案をしたりソリューションを提供することです。それが実現できたとき，CSはさらに高まり良好な関係が構築されるようになるのです。

顧客価値第一主義の事例

　外食チェーン店の様々な厨房機器や設備（ファシリティ）をメンテナンス（保守点検）することを業務とするある企業の事例です。

　その企業は，顧客第一を謳い，定期的に顧客の機器や設備のメンテナンスを通常業務として行う一方，顧客の要望に応じた機器や設備の提案を行っていました。さらに突発的な故障が生じた際，店舗からの連絡があれば迅速に対応できる体制を構築していました。しかし，同業他社との競争が厳しくなる中，社長（当時）は，顧客との関係性を深め，選ばれる企業となるためにはそれだけでは不十分と考え，差別化を図るとともに企業ブランドのアイデンティティを構築するためのブランディングプロジェクトを立ち上げました。

　プロジェクトでは，通常業務の作業内容を検討するとともに，「調理人が本当に求めることは何か」を見つけ出すために調査し，社内で何度も検討しました。調理人は，美味しい料理を少しでも速くお客さんに提供したいものです。そのために機器や設備のメンテナンスや不具合への対処に極力時間をかけたく

ないはずです。プロジェクトメンバーは，こうした点を考慮し，「本業である調理に専念できること」が調理人にとって本当に大切なことであり，必要なことではないかと考えました。そして，それを支援することが自分たちの役割であるという仮説を立て，「調理人が本業に専念できる環境づくり」をミッションとして策定しました。

このミッションに基づき同社では，「ファシリティをケアする」というコンセプトを策定し，従来の機器や設備のメンテナンス業務だけでなく，厨房で働く人々の視点で保守点検計画の精度を高めるとともに，調理人と店舗マネージャーが本業に専念できる作業環境作りに向けたサービス業務の拡充と，それを実践できる事業体制の構築に取り組みました。また，コンセプトに基づく自社の視点やこだわりを社内外に訴求する一方，ミッションの社内への浸透定着を図るとともに，これからの業務活動を社内で考え議論する機会を設定する等，インターナル・ブランディングにも取り組みました。

この事例では，この企業が「調理人が本業に専念できること」を顧客が本当に必要とする価値（＝顧客価値）と捉えたことがポイントです。それを基軸に，同社では，顧客第一で顧客の要望に応えるだけでなく，本業に専念できるようにするためには何をしたらいいかを考え，それを実行できる事業体制を整備することで従来の業務の強化と差別化を図り事業内容の拡充を実現しています。

CSと社員満足（ES）とインターナル・ブランディング

日々の業務活動の中で直接的に顧客に関わるのは社員です。特にサービス業において，社員やスタッフの態度や行動はCSに大きな影響を与えます。製造業では有形のモノがあるのでサービス業ほどではないかもしれませんが，やはり同じことが言え，社員の姿勢や態度は顧客・生活者の選択や購買の意思決定に大きく影響します。したがって，社員の意識やモチベーションを高めることでCSを高める意識を醸成しなければなりません。そこで考えなければならないのが「社員満足」，すなわち「ES（＝Employee Satisfaction）」です。

一般に，サービス業においてはESが高まれば，社員の定着率と生産性が高

まり，それによってサービス品質が向上すると言われています。そして，サービス品質が高まればCSが高まり，結果としてより良い事業成果につながると考えられています。したがって，ESを高めることはサービス業において非常に重要になりますが，そのことは製造業にも当てはまります。そして，ES活動においてもブランドを機能させることができます。

　ブランドは顧客・生活者にとって，選択の判断基準であることはこれまで何度も述べましたが，顧客・生活者は自分にとっての価値をブランドに期待します。とするならば，ES活動においては自社のブランドは顧客に何を期待されているのか，顧客にどのような価値を提供すべきかを考え共有し，社員がそれにふさわしい行動を実践できるようにしなればなりません。それがインターナル・ブランディングなのですが，ES活動と混同される場合があります。ES活動では社員の自己啓発を支援したり，福利厚生を充実させることも含まれます。一方，インターナル・ブランディングは，ブランドという旗印を共有し，それを拠り所としてCSを高めるために実施するES活動であり，同じではありません。

CSとCR，ESとER，そしてブランド

　ブランドとCS，ESについて見てきましたが，CSとESは第2章で紹介した「ブランドと3つの'R'」の中の'CR（＝Customer Relationship）'と'ER（＝Employee Relationship）とどうつながるのかについて整理しておきましょう。

　ブランドが事業活動を通じて期待通りあるいは期待以上の価値（顧客価値）を提供できれば，それはCSの向上につながります。しかし，それだけではCRの構築には十分ではありません。大切なのはブランドを通じてCSを高め続けることです。それができれば顧客・生活者は，自分にとっての価値をブランドで認識・記憶して判断し，そのブランドを信頼するようになります。その結果，ブランドと顧客・生活者の間に良い関係性（CR＝Customer Relationship）が構築されるのです。

　次に，ESとERのつながりですが，ブランドが社員にとっての価値（社員価

値）となればESは高まります。ブランドの社員価値とは，自社ブランドが顧客・生活者に支持されていることであり，そのブランドを活用することでビジネスがやりやすくなるということです。企業は社員が自社のブランドに価値を感じるような事業活動や社会活動を実施なければなりません。それによって自社のブランドが顧客・生活者に支持されCRが構築されていると認識できれば，自社ブランドに対する愛着や誇り，そして自信が高まり，結果として社員と自社ブランドとの間に良い関係（ER＝Employee Relationship）が築かれます。もちろん，CSが高まった結果でESが高まるのを待つのではなく，CS活動とともに社員のモチベーションや意識を高める活動（ES活動）を実施しなければなりません。インターナル・ブランディングでは，その活動をより効率的に実践できるのです。つまり，ES活動もCS活動と同じようにブランド活動のひとつと考えることができます。

　さらに，自社のブランドが社会貢献活動や社会的課題解決に取り組むことで社会とのより良い関係（SR＝Social Relationship）が構築できれば，社会から支持されるブランドとしてCSとESの向上につながり，ERとCRはより強固なものとなります。

　このことから，ブランド活動はCS活動やES活動を包含するだけでなく，社会活動とも関連する包括的な活動であることが分かるのではないでしょうか。

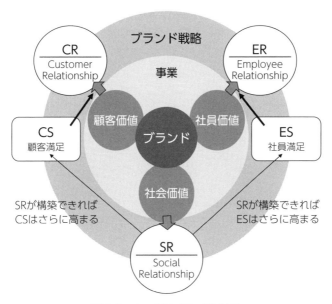

図表3-4　CSとCR，ESとER

≪まとめ≫

- 「顧客満足（CS）」は，「期待価値」と「体験価値」との差である。
- 顧客・生活者はその「差」をブランドで認知し記憶し，また選択する
  かどうかを判断する。
- CSを高めるために「顧客第一」で考えることは大切であるが，ブラン
  ド的には「顧客価値第一」で考えることも重要である。
- ブランドと顧客及び社員との良い関係（CR，ER）を築くには，事業活
  動や社会活動を通じてブランドに対するそれぞれの満足（CS，ES）を
  高め続けなければならない。
- ブランド活動はCS活動，ER活動を包含し，社会活動とも関連する包括
  的な活動である。

第 4 章

ブランドマネジメントと
インターナル・ブランディング

　第2章で，ブランディングは「考え方」「見え方」「伝え方」「守り方」という基本ステップで実施すると説明しましたが，ブランドマネジメントはその最後のステップである「守り方」にあたります。

　ブランドマネジメントは，その言葉どおり「ブランドを管理すること」であり，ブランディングにおいてとても大切なステップのひとつです。しかし，ブランドの何を，どこまで，どう管理していいか分からず，ただブランドの表記方法を管理するにとどまっているケースはよくあります。

　ブランド'らしさ'（＝アイデンティティ）を確立するには，ブランドの「考え方」「見え方」「伝え方」がぶれないよう的確かつ適切に管理しなければなりませんが，インターナル・ブランディングは，ブランドマネジメントの一環として実施すべき項目と考えていいでしょう。本章では，インターナル・ブランディングを理解するにあたって重要なブランドマネジメントについて説明します。

ブランドマネジメントの目的とポイント

ブランドマネジメントの目的は「ブランドの一貫性を保ち，ブランドらしさを確立・強化すること」であり，「ブランドがおかれた環境や状況を把握すること」です。そのためにブランドマネジメントでは，次の３つの視点で取り組むことが重要となります。

① ブランドらしさ（＝アイデンティティ）がぶれないように管理する。

② ブランド価値を毀損しないように管理する。

③ ブランドの現状を把握し活用できるよう管理する。

それぞれについて説明してきましょう。

① ブランドらしさ（＝アイデンティティ）が ぶれないように管理する

ブランドらしさ（＝アイデンティティ）を確立・強化するには，第２章の図表２-５の中にあるブランドの「考え方」「見え方」「伝え方」がぶれないように管理しなければなりません。ぶれないように管理することはブランドマネジメントにおいて最も重要なポイントです。

「考え方」の管理―'らしさ'づくりの拠り所

「考え方」はブランド戦略及びブランディングの拠り所となるものであり，ブランドに関わる社員がそれを共有し，理解・共感できるようにする必要があります。ブランドコンセプトはそのひとつです。当該ブランドはどのような価値を顧客・生活者に提供するのか，どういうブランドを目指し，どのようなブランドとして認知されることが顧客・生活者の選択や支持につながるのか，そうした'あるべき姿'や価値観，方向性がぶれてはなりません。それを管理することはブランドマネジメントの大きな目的です。

「見え方」の管理―ヴィジュアル・アイデンティティ

次に，「見え方」とはブランドの「ヴィジュアル・アイデンティティ（Visual Identity：VI）」，つまり，視覚的な'らしさ'のことですが，その中核的な要素

がブランドロゴです。これはブランドの'顔'となって社外に存在を示す旗印となるだけでなく，社員が共有できる旗印ともなります。'顔'である以上，個々の場面やその時々で簡単に変えてはいけません。また，共通の旗印なので個別の状況で勝手に変更してはならないのです。「見え方」がぶれないよう管理するために多くの企業が，ブランドロゴの表記ルールをまとめた「VI（ヴィジュアル・アイデンティティ）マニュアル」や「VIガイドライン」等を作成しています。それに基づいて事業の現場でブランドロゴが一貫性をもって適切に表記されるように管理しなければなりません。管理部署を設置したり，管理担当者を任命している企業もあります。

「伝え方」を管理する—ブランドメッセージとブランドの世界観

　「伝え方」ですが，これはメッセージを伝える手段ではなく，ブランドがその「考え方」に基づいて発するメッセージです。ブランドのメッセージは，分かりやすいところでは「タグライン」として発信されることがあります。ブランドロゴと組み合わせて表記されている短いフレーズを見かけることがあると思いますが，そのフレーズがブランドの「タグライン」と言われます。企業によっては「（ブランド）スローガン」や「（ブランド）ステートメント」といったりすることがあります。例えば，「HITACHI」の「Inspire the Next」，「BMW」の「駆け抜ける喜び」等がそうですが，他にも「UNICLO」の「Life Wear」，ニトリの「お，ねだん以上」や明治の「健康にアイデアを」等，数え上げたら切りがありません。ひと昔前，「Apple」が「Think Different」というフレーズを発信しましたが，それを初めて聞いたときのインパクトを私は今でも鮮明に覚えています。これらはすべてブランドのメッセージを象徴的なフレーズにして発したものです。その意味で顧客・生活者の関心を引くために，広告・宣伝で使われるキャッチコピーとは異なり，比較的長く使われます。

　ブランドメッセージはこのように具体的な言葉として発信されることがありますが，ブランドが顧客・生活者だけでなく，広く世の中に訴えたい価値観を指すこともあります。例えば，「'人は誰もが平等である'ということがこのブランドのメッセージだ」とか「このブランドは，地球環境保全の大切さをメッセージとして発信している」といったような言い方をすることがあります。

　具体的な言葉にするかどうかは別にして，ブランドメッセージはそのブランドの「考え方」や価値観に基づいて発信するものであり，伝える内容がぶれていてはブランドの思いは伝わらず，'らしさ'は認知されにくくなるので管理する必要があります。

　さらに，ブランドのイメージや世界観をつくるには，広告宣伝等を含め，様々なコミュニケーション媒体における表現方法やそのスタイル，あるいは調子（トーン＆マナー）が同じになるように管理することも大切です。「Apple」や「BMW」等は，様々なコミュニケーション媒体において，いつも大体同じようなトーンやスタイルで表現されていると感じることはないでしょうか。また，「UNICLO」の広告等を見ると，なんとなく，いつもユニクロらしいなと感じたりすることでしょう。こうしたブランドはその表現スタイルがきちんと管理されていると思いますが，このようにして「伝え方」を管理することもブランド・アイデンティティ（＝らしさ）の構築に必要となります。

② ブランド価値を毀損しないように管理する

　ブランドは適切に使用し，運用しなければ時間とともにその価値を失いかねません。例えば，フランチャイズ（FC）制度において，フランチャイジー（加盟店）がフランチャイザー（本部）の承諾を得ることなく，FCブランドを関係する第三者に使わせたりすることがありえます。あるいは特約店販売制をとっている事業会社（ブランドオーナー）と契約している特約店が，自社で独自に仕入れた商品に事業会社のブランドを適用して販売することもあります。いずれの場合も，FC本部，あるいは事業会社が管理，統制しにくい状況で自社のブランドが使用されることになり，何か問題があったときにそのブランドの価値が損なわれるリスクがあります。FC制度や特約店制度においては，多くの場合，契約書の中でブランドの使用について取り決めがなされることが一般的です。

　こうしたリスクは企業グループにおいても同じことが言えますし，ひとつの企業の中における事業部でも同じことが起こりえます。

　親会社あるいは中核会社のブランドを企業グループのブランドとし，グルー

プ企業がそれを自社のブランドとして共有していることはよくあります。企業グループの中の子会社あるいはグループ企業が問題や不祥事を起こした場合，親会社や中核企業のブランドの価値が毀損されるだけでなく，グループ全体に悪い影響を与えるリスクが考えられます。また，ひとつの企業においても事業部が独自の判断で規定とは異なるブランドの使い方をする可能性もあります。

　そうしたリスクを回避するために，「見え方」を管理する「VIマニュアル／ガイドライン」とは別に，ブランドの使用についての取り決めをまとめた「ブランド使用規定」等を作成する企業もあります。この規定はブランドを管理する部署とそれを使用する関係者の間で交わされる契約書のようなものであり，ブランドの使用条件や使用する際の判断基準，使用に関する誰がどのような手順で承認するか等を規定しています。

　このようにしてブランド価値が毀損しないよう管理する必要があります。

③ ブランドの現状を把握し活用できるように管理する

　ブランドを管理する上で，もうひとつ大切なことは，自社のブランドがどういう状況にあるかを把握するということです。自社ブランドの現状を把握する上で重要なものとして，次の3つの項目が挙げられます。

- ブランドに対する社内外の認識や評価
- ブランド・エクイティ
- 自社のブランド・ポートフォリオ

「ブランドに対する社内外の認識や評価」は，ブランド調査等で現状を把握できます。具体的には，「認知度，好感度，満足度，想起率，イメージ，ブランド寄与率，購入意向，再購入意向」といった項目が挙げられます。

　次に，「ブランド・エクイティ」ですが，これはブランド価値の高低に影響を与える要素をいいます。その中には，「社内外の認識や評価」と重複する点がありますが，カリフォルニア大学バークレー校のデビッド・アーカー氏の「アーカー・モデル」[3] では，「ブランド・エクイティ」は次の5つのカテゴ

3）　デービッド・A・アーカー著，陶山計介・尾崎久仁博・中田善啓・小林哲訳『ブランド・エクイティ戦略』（ダイヤモンド社，1994年）

リーに分けられています。

- ブランド・ロイヤリティ
- ブランド認知
- 知覚品質
- ブランド連想
- その他の所有資産（特許，商標等）

「ブランド・ロイヤリティ」は，当該ブランドに対する顧客・生活者の愛着感や執着心，あるいは，また選びたいという忠誠心のようなものです。「ブランド認知」は，当該ブランドがどの程度認知されているかということであり，「知覚品質」は代替品と比較した際に知覚できる品質や優位性を表します。

そして「ブランド連想」は，当該ブランドを見たり聞いたりしたときに結びついて連想する様々な要素あるいはイメージです。これらは事業内容や，製品・サービスによって時間とともに変化するものであり，自社の当該ブランドが今どのような状況にあるのかを管理し把握しておく必要があります。アーカー氏は他にも，ブランドに関する特許や商標などもブランド・エクイティを構成する要素として挙げています。

さらに顧客・生活者の選択・購買意向にブランドが寄与する度合いである「ブランド寄与率」とブランドの「経済的価値（利益創出力）」という視点から「ブランド・ポートフォリオ（ブランドの構成）」を管理することでブランドの現状を把握する手法もありますが，これもブランドマネジメントの中で管理しておきたい項目のひとつとして挙げることができます。

ブランドマネジメントの項目

ブランドマネジメントではブランドに関わる様々なことを管理しなければなりませんが，マネジメント項目は「内的視点」と「外的視点」に大別できます。「内的視点」とは社内的課題として管理すべき項目であり，「外的視点」とは社外への働き掛けに関して管理すべき項目です。

　内的視点での基本的なマネジメント項目としては，「法的保護」「ブランド使用法」「ブランドロゴ表記法」「社内コミュニケーション」等が挙げられます。

　一方，外的視点でのマネジメント項目では，「社外コミュニケーション」「マーケティング，プロモーション」「ブランド・エクイティ」「社内外環境の把握」等を挙げることができます。基本的な項目の概要を図表4-1にまとめましたので参考にして下さい。

マネジメント項目		何をマネジメントするか	何をするか（主な項目）
内的視点	法的保護	ブランドの商標権	商標登録，商標権侵害への対応
	ブランド使用法	事業におけるブランドの使い方	ブランドの使い方の社内ルール（ブランド使用規定等）の作成
	ブランドロゴ表記法	ブランドロゴの表記の仕方	・VIガイドライン／マニュアルの作成 ・ブランド・パトロール
	社内コミュニケーション	ブランド，企業理念等に対する認識と理解・浸透の実践方法	・インターナル・ブランディング ・ブランド研修会の実施 ・ブランド浸透施策の実施
外的視点	社外コミュニケーション	広報，広告，IR等によるブランドに関する情報発信の方法	コミュニケーション方針（ブランドの何を伝えるか）の策定
	マーケティング，プロモーション	事業におけるマーケティング，プロモーションにおけるブランドの使い方	・事業におけるブランドの使い方の方針やルール等の策定 ・ブランドの使い方の実態の監査
	ブランド・エクイティ	ブランド価値の高低に影響を与える要素の状況	ブランドのロイヤリティ，認知度，知覚品質，連想，所有資産
	外内外環境の把握	市場，顧客，競合等の動向	市場，顧客，競合動向調査を適宜実施

図表4-1　ブランドマネジメントの基本項目

　「内的視点」の中に「社内コミュニケーション」がありますが，この項目がインターナル・ブランディングと密接につながります。つまり，インターナル・ブランディングは，ブランドマネジメントの中のひとつの施策として実施する項目なのです。

ブランドマネジメント実施のための３つの要件

　ブランドマネジメントの目的と基本項目について説明しましたが，ブランドマネジメントを実施するということは，ブランドの価値を守るとともに活用できる環境をつくるということです。そのためにブランドの「考え方」「見え方」「伝え方」の一貫性を守ることが重要になります。

　ブランドマネジメントでは，多くの場合，図表４-１の基本項目にある「ブランドの使用法」や「ブランドロゴの表記法」に重点が置かれます。それはつまり，ブランドの「見え方」を'守る'ということであり，それを管理する一部の部署や担当が実施する作業です。しかし，図表４-１の各管理項目を見ると分かるように，ブランドをマネジメントするということはブランドを管理する担当部署だけでなく，担当部署が中心となって他の部署の協力を得ながら社内外に働きかけなければなりません。こうした点も踏まえ，ブランドマネジメントを実施するための要件として，次の３点を挙げることができます。

- 要件①：判断基準・ルールを明確にする。
- 要件②：ブランドに対する社内の認識を高め共感を促す。
- 要件③：ブランドマネジメントの推進体制を整備する。

要件①：判断基準・ルールを明確にする

　ブランドの「考え方」「見え方」「伝え方」はそれに携わる人の主観的な判断や，その時々の事情で勝手に変えてはいけません。そのために客観的に判断できる共通の基準やルールが必要となります。図表４-１にある「ブランドロゴ表記法」「ブランド使用法」はこのために作成するものです。それだけでなく，何かあったときに誰が判断し，どのようなフローで対応して意思決定するかを決めておくことも重要です。一方，ブランドロゴの表記方法等は基本的に守らなければならないのですが，その時々において柔軟に対応できる余地を持っておくことも大切です。

要件②：ブランドに対する社内の認識を高め共感を促す

　ブランディングに取り組む企業の社員が，自社のブランドのことを理解していなかったり，ブランドに対する認識が希薄であったり，誤解していることはよくあります。しかし，ブランディングに取り組むならば，自社ブランドに対する社員の認知や理解を促し，共感・納得を得ることが必要です。そのために，B to C，B to Bにかかわらず，ブランディングに取り組む企業の多くがその一環としてインターナル・ブランディングに取り組んだり，取り組みを検討するようになっているのです。

要件③：ブランドマネジメントの推進体制を整備する

　ブランドマネジメントのための判断基準やルールをつくっても，それを適切に運用できる体制を整備しなければなりません。図表4-2の「管理部署の設置」「管理担当者／チームの任命」はそれにあたります。こうした部署や担当者はブランドを表記，使用する際の対応窓口になることが多いのですが，体制を整備することでブランドマネジメント業務の一元化を図ることが重要です。

　さらに，ブランディングやブランド戦略に取り組む場合は，「管理」という視点だけでなく「推進」という視点での部署や担当が必要となり，それを実践する部署を設置したり担当を任命している企業が増えています。それについては次章で説明します。図表4-2は，以上に説明したことをまとめたものです。

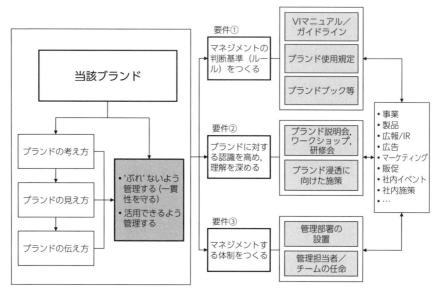

図表4-2　ブランドマネジメント実施の3つの要件

第 5 章

インターナル・ブランディング
への取り組み方

　これまでブランドの機能と役割，ブランディング，ブランド戦略，そして，その中で実施するブランドマネジメントについて基本的なことをひととおり説明してきました。これらはすべて，インターナル・ブランディングを理解するための前提となるものです。本章では·インタ　ナル・ブランディングへの取り組み方について具体的に説明します。

インターナル・ブランディングの目的と期待される成果の再確認

　第1章で，インターナル・ブランディングは「社内からブランドを強くする」「社内からブランド価値を高める」活動としてその目的と期待される成果を挙げました。これは非常に重要なことなので，目的と期待される成果を再度確認しておきましょう。

【目的】

　ブランド的視点での目的：ブランドの社内浸透・定着を図る

- ブランドに対する社内の認識を高める。
- 自社ブランドが提供する価値や方向性を社内で共有する。
- 社員が自社ブランドらしい行動をするようになる。

　経営的視点での目的：社内の活性化を図る

- 企業及び事業のビジョンやミッションに対する社内の認識を高める。
- 方向性や価値観についてトップと社員のベクトル合わせをする。
- 社員の意識やモチベーションを高め，より良い社内環境や企業風土をつくる。
- （企業理念や経営理念を再認識させ，さらなる浸透を図る。）

【期待される成果】

- 社員が自社ブランドに関心を持つようになる。
- 社員がブランディングは他人ごとではなく，自分（たち）のことであるという自覚を持つようになる。
- 社員が自分自身もブランディグに参画しているという意識を持つようになる。
- 社員が自社のブランド価値を高めるために，何をし，どう行動しなければならないかを考えるようになる。
- 社員が自社らしさとは何か考えるようになる。

- トップマネジメントと社員が，自社ブランドの提供価値や方向性，方針を共有できる。
- トップマネジメントがブランドを認識し理解を深めるきっかけになる。

　ここで挙げた【目的】と【期待される成果】の中に，ブランドの「提供価値」「方向性」「方針」という言葉がありますが，インターナル・ブランディングを実践するにあたっては，こうしたことを「ブランドの'考え方'」として明確にすることが前提となります。

　「ブランドの'考え方'」ついては，これまでも触れてきましたし，この後も何度も言及しますが，「ブランドの社内浸透を図る」ということは，「ブランドの'考え方'」の社内浸透を図るということですから，それを明確にすることは当然のことです。

　また，第2章で説明したブランディングの基本ステップ（図表2-5）の「ステップ2」に「考え方」とありますが，これはまさに「ブランドの'考え方'」のことです。つまり，「ブランドの'考え方'」はブランディングやブランド戦略の拠り所となるものですが，インターナル・ブランディングによって目的を達成し期待すべき成果を実現するためにもそれを明確にしておかなければならないのです。

　インターナル・ブランディングでは，経営サイドと社員がブランドを'共通の旗印'として「ブランドの'考え方'」を共有します。その中で様々な浸透施策を考えたり，浸透ツールを開発することになりますが，どのようなツールを開発しようとも，どのような施策に取り組もうとも，忘れてはならないのは，地道な活動を継続的に実践するということです。インターナル・ブランディングに取り組んでもすぐに成果が出ることを期待しないほうがよいかもしれません。むしろ，地道に活動を継続しているうちに，社員が「ブランド」という言葉を日常業務の中で口にするようになってきた，気がつくとブランドに対する認識や理解が深まってきた，あるいはブランドを意識した行動ができるようになってきたといった状態になっているものです。

　「どれぐらい時間をかければいいか」という質問を受けることがありますが，企業の規模，企業風土，トップのコミットメント，推進体制等によって全く異

なるので，一概にはいえません。しかし，インターナル・ブランディングは一過性のものではなく，本来はずっと継続しなければならものです。したがって，どれぐらい時間をかけるかと考えるよりも，いかに地道に継続できるようにするかを考えることのほうが重要です。

「ブランド」という言葉が足かせになることもある

　インターナル・ブランディングに取り組んでも，すべての社員が'ブランド'という言葉を受け入れ理解するわけではありません。そうした場合でも，無理に'ブランド'という言葉を定着させようと努力する必要はありません。その言葉自体がインターナル・ブランディング実践の足かせになることもあり得ます。大切なことは，「ブランドの'考え方'」に込められた思いや方針を共有し，事業や業務と関連させながらそれに対する認識を高め，社内浸透を図ることです。

　ブランドという'言葉'を経営者あるいは社員が受け入れない，あるいは誤解して認識しているとしても，日頃の事業活動や日々の業務活動の中では社名（略称社名や通称名）を名のり，会社を象徴するロゴマークやシンボルを，名刺や会社案内あるいは自社のウェブサイト等に表記して使っているはずです。そうした社名やロゴがなければ事業活動や業務活動が困難になることは容易に想像できます。自社の社名やロゴもブランドなのだと認識できるようにはしたいものです。

　ちなみに，企業の名称に関し，'株式会社'や'合同会社'等のついた社名は「正式社名」であり，それは'商号'として法務局に登記されます。一方，'株式会社'や'合同会社'等を表記しない社名は「略称社名，通称名」と言うことがありますが，それが企業ブランド名となることもありますし，それをさらにシンボル化した名称がその企業のブランド名やブランドロゴとなります。それらは'商標'として特許庁に登録されることが一般的です。事業活動においては略称社名や企業ブランド名が使用されますが，商号としての正式社名と商標としての企業ブランド名は機能が異なります。

インターナル・ブランディングの基本ステップ

　インターナル・ブランディングでは何をしたらいいのか，その実施にあたっては，どこからどのように取り組めばいいか分かりにくいのはもっともなことです。また，取り組んだとしても試行錯誤しながら手探りで進めているというのが一般的ではないでしょうか。ブランドブックやカードを作成して配布したが，その後どうしたらいいのか考えあぐねている企業も多いことと思います。

　それでは，インターナル・ブランディングの基本ステップについて説明しましょう。

　第 1 章では，「インターナル・ブランディングの基本的な考え方」は「認識→行動」であるとし，それを分解して「認知・共有→理解→共感・納得→行動」というフローについて説明しましたが（図表 1 - 1 ）。このフローを実践するために，インターナル・ブランディングは図表 5 - 1 で示す「見える化」→「自分ゴト化」→「行動化」という 3 つのステップで進めることが基本です。

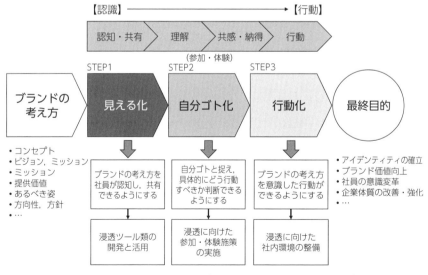

図表 5 - 1　インターナル・ブランディングの基本ステップ①

　ブックやカードを作成して配布するというのは，STEP1における施策のひとつですが，それは最終目的に向けてSTEP2，STEP3を展開していくためのツールをつくったにすぎません。それだけで十分でないことは後ほど説明します。

　図表5-1の「最終目的」をどう設定するかですが，第1章で説明し先程確認したインターナル・ブランディングの「目的」の中からそのまま適用することもできますが，それ以外にブランド的視点と経営的視点で次のように設定することもできます。

≪ブランド的視点≫
- ブランド・アイデンティティの確立
- ブランド価値の向上　等

≪経営的視点≫
- 企業体質の改善・強化
- 社内組織活性化　等

　経営的視点で挙げた項目は，インターナル・ブランディングと直接関係ないことのように思えるかもしれませんが，それらを実現する取り組みにインターナル・ブランディングを活用することができます。いずれの視点での目的を設定しようとも，全社的課題として取り組むことが重要です。

3つの各ステップについて

　インターナル・ブランディングは設定した最終目的に向けて，3つの各ステップにおける施策を実施していきますが，ゴールというものはありません。継続的に実行し続けなければ時間の経過とともにブランドに対する認識が希薄になったり，ブランドの'考え方'に基づく行動ができなくなったりすることもあります。進捗状況や成果を見ながら適宜このステップを繰り返す必要があります。その意味においてはインターナル・ブランディングの基本ステップを図表5-2のように考えてもいいかもしれません。

　図表5-1及び図表5-2にある3つのステップの概要と留意点を挙げておきます。

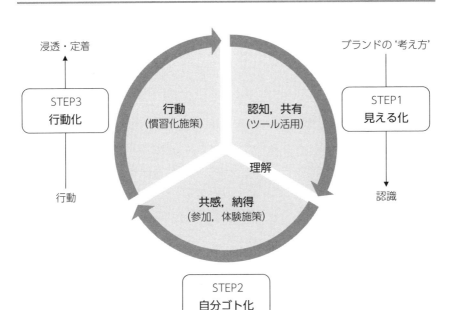

図表5-2　インターナル・ブランディングの基本ステップ②

STEP 1 ：見える化

　事業戦略や事業方針等と整合性のある「ブランドの'考え方'」を明確にしたならば，社員がそれを認識し共有できるようにしなければなりません。そのために「ブランドの'考え方'」を社員が認知・理解できるよう，それを目にするツールを作成したり，その機会をつくることが必要です。それが「見える化」するということです。「私たちはこういうブランドを目指す」「私たちのブランドはこういう価値を提供する」等のように明示された「ブランドの'考え方'」を「見える化」する方法として，具体的にはブランドブックやブランドカード等のツールを作成したり，パネルにして社内に掲示するといったことを挙げることができます。そうしたツールを作成したり施策を実践することは全社的な施策となるので，経営側の判断と承認が必要となります。

　インターナル・ブランディングに取り組む企業の多くは，すでにブックや
カード等を作成して社内に配布しているか，それを検討しています。こうした
ツールを作成し配布することでインターナル・ブランディングを実施した，あ
るいは実施していると考える企業もありますが，それは一人ひとりが内容をよ
く読んで考え，行動しなさいという社員任せのやり方です。ツールを配布する
だけではインターナル・ブランディングを実施したとは言えません。

　そうしたツールは，「ブランドの'考え方'」の社内浸透を促すための手段と
して活用できますが，配布することを目的と考えてはなりませんし，そうした
考えではインターナル・ブランディングを成功させることは難しいと言えるで
しょう。ブランドブックやカードを作成するときから，配布後のことも考えて
実施しなければならないのです。

STEP 2：自分ゴト化

　STEP 1で「ブランドの'考え方'」を「見える化」したとしても，社員がそ
れを理解して自分のこととして受け入れ，共感や納得しなければ意味はなく，
'ブランドらしい行動'につながることはありません。したがって，「自分ゴト
化」のステップでは様々な施策や具体的な活動を通じてブランドに対する社員
の関心を高め，ブランディングへの参画意識を醸成することに注力します。つ
まり，「見える化」の作業はインターナル・ブランディングを推進する事務局
や経営側が実践しますが，「自分ゴト化」では社員を巻き込み社員が参加・体
験する機会を設定しながら進めることになります。それに取り組む際の留意点
として次の3つが挙げられます。

- 社員の参画意識を醸成する。
- 自分たちがやるべきことと認識できるようにする。
- 日々の業務と関連づけて判断し考えられるようにする。

　このステップにおいては，「ブランドの'考え方'」を拠り所としてブランド
が提供すべき価値やブランドに対する社員の認識を高める施策や機会をどうつ
くるかを検討しなければなりません。ブランドブックやカード等はそのために
活用できる有効なツールです。

STEP 3：行動化

　「自分ゴト化」のステップでは，社員の参画意識を醸成し，参加・体験することで自発的な行動につなぐことに主眼がおかれますが，「行動化」のステップでは，自分ゴト化によってブランドを意識した行動が，日常的かつ継続的に行われるようにすることが目的となります。つまり，ブランドの浸透・定着を図るということです。経営側としては，具体的な施策を通じて社員の行動意識を常に刺激し，モチベーションを高めることのできる社内環境を整備することが必要です。そのために，できる限り長く続けられる施策を策定して実践しなければなりませんし，必要に応じて社内制度化することも検討しなければなりません。その中で，社員がブランドを意識した行動を自発的かつ継続的に実践するようになることが望ましいのですが，ブランドを意識するかしないかは別にしても，整備された社内環境の中で長期的な施策を実施することは，社員がブランディングに直接的あるいは間接的に参画することになります。また，行動化のステップにおいてはトップマネジメントがコミットしていることが分かるようにすることも大切であり，そのためにも全社的な施策として社内で慣例化したり，場合によっては制度化することも考えておかなければならないのです。

インターナル・ブランディングの推進体制

ブランドマネジメント及びインターナル・ブランディング推進部署のタイプ

　ブランドマネジメントに関する前章の最後で，「ブランディングやブランド戦略に取り組む場合は，（中略）それを実践する部署を設置したり担当を任命している企業が増えています」と述べましたが，その業務内容や権限，職務は企業によってかなり異なりますし部署名も様々です。いずれにせよ，インターナル・ブランディングはブランディングの一環なので，こうした部署や担当が事務局となって推進することになります。ここでブランディングやブランド戦

略を推進する，あるいは携わる部署や担当について一般的な３つのタイプを紹介しましょう。

【タイプⅠ】ブランド戦略やブランディングに関する業務を中心とする部署を設置する

　「タイプⅠ」の部署は全社横断的な視点からブランディングやブランド戦略を推進することが主要業務となりますが，ブランドマネジメントをそのミッションのひとつとしていることが一般的です。部署名には「ブランド」がつく場合が多いのですが，「ブランド」を名乗ることで，そこに所属するスタッフは，自身の業務はブランドに関連することであると認識できますし，社内的にはブランドに関連する業務を推進する部署があることを示すことができます。

　　例：ブランド戦略部，ブランド推進部，ブランド統括部，ブランドマネジメント部等（「部」ではなく，「室」や「グループ」としている企業もあります）

【タイプⅡ】主業務とは別にブランド戦略やブランディングに関する業務を兼任する

　このタイプは，部署名に「ブランド」はつきませんが，コーポレートコミュニケーションに関わる部署，あるいは経営企画部等のように，全社的な業務に取り組む部署が主業務と兼務でブランディングに取り組みます。担当者を任命する場合もあれば，特に任命しない場合もあります。

　　例：コーポレートコミュニケーション部，広報部，経営企画部，マーケティング部，総務部等

【タイプⅢ】ブランディングに関する業務が発生した場合に対応する

　中堅・中小企業のようにブランディングに専門スタッフを配置する余裕がない場合や，大手であってもブランドに関連する案件が発生したときに，全社横断的な業務に関わる部署がその内容に応じて都度対応します。

　　例：総務部，経営企画部，知財部，法務部等

　タイプⅠ〜Ⅲのいずれであっても，インターナル・ブランディングに取り組むならば，兼務でも構わないので，推進する部署や担当を明確にする等，実施

できる体制を整備しておく必要があります。

インターナル・ブランディング推進体制のパターン

　インターナル・ブランディングへの取り組みにあたっては，「タイプⅠ」の部署がある場合はその部署が，タイプⅡ，Ⅲの場合は，任命された部署あるいは担当が推進の「事務局」となります。しかし，事務局だけでインターナル・ブランディングを実施しようとしても，人的パワーや時間的に限界があるだけでなく，アイデアソースも限られてしまいます。特に「自分ゴト化」のステップでは，このことは顕著に現れます。そこで，インターナル・ブランディングの中でも「自分ゴト化」をより効率的かつ効果的に進めるために，事務局と共同で取り組むことのできるメンバーや支援スタッフを社員の中から選出し，暫定的あるいは継続的な実施体制を構築することが重要です。その体制の構築方法は企業によって様々ですが，次のような基本的な3つのパターン（図表5-3）が考えられます。

【パターンⅠ】暫定メンバーによる「目的特化型」

　社員の中から暫定的なメンバーを選出し，事務局が中心となってそのメンバーと具体的な目的を設定したワークショップを開催します。その中では「ブランドの'考え方'」に対する認識を高める研修を実施したり，その社内浸透に向けた施策案，さらには行動指針案を検討します。ワークショップの規模や回数等は，その目的や状況によって異なりますが，参加メンバーはワークショップを通じて「自分ゴト化」のステップを体験し，インターナル・ブランディングに暫定的に携わることになります。

【パターンⅡ】選抜スタッフによる「プロジェクトチーム設置型」

　事務局を支援するスタッフを社員の中から選抜し，「自分ゴト化」を推進するプロジェクトチームを立ち上げます。選抜されたスタッフは，通常業務のかたわら，やや中期的に「自分ゴト化」のステップに携わることになります。ワークショップに参加したり，事務局と連携して事業部におけるインターナル・ブランディングの推進を支援します。いうなれば，ブランディングの事務局と現場との橋渡しのような役割を担います。このスタッフはワークショップ

に参画したメンバーの中から選抜することができます。

【パターンⅢ】部署ごとに任命された「ブランド担当者による推進体制構築型」

　部署ごとにブランド担当者を任命し，インターナル・ブランディングを推進する体制を構築します。任命された部署のブランド担当者は，必要に応じて開催される事務局とのミーティングに参加し様々な施策を検討します。パターンⅠやパターンⅡの推進体制とは異なり，ある程度組織として取り組む中長期的な体制であると言えます。ブランド担当者が代わったとしても，そのポストは部署に残り次の担当者がそこに割り当てられることになります。

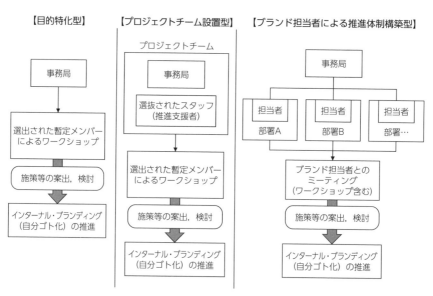

図表5-3　インターナル・ブランディング（自分ゴト化）推進体制パターン例

　ここに挙げたⅠからⅢのパターンは相容れないものではなく，それらを組み合わせて実施している企業はありますし，ここに挙げていない独自のパターンも考えられます。企業の事情や社内環境に応じて推進体制を構築すればいいのですが，インターナル・ブランディングは中長期的な取り組みになるので，推進の中核となる事務局は明確にしておかなければなりません。

インターナル・ブランディングの推進における留意点

　インターナル・ブランディングの中でも特に「自分ゴト化」のステップでは，取り組み当初は経営側からの押し付けと受け取られ，「何のためにこんなことをするのか」といった声が出る等，理解されにくいことがあります。そのためにも事務局は，社員から選ばれたメンバーあるいは任命された担当者とはできる限り情報を共有し，密にコミュニケーションをとりながら一緒になって進めることによって，徐々に他の社員の参画意識を醸成し高めていけるようにしなければなりません。

　こうしてワークショップやミーティングを何度か実施するうちに，それに参加した社員は次第に「ブランドの'考え方'」を理解するようになり，自身が伝道者のような役割となって浸透・定着に貢献してくれるようになります。しかし，ワークショップを実施したとしても，それが選出された一部の社員の一時的な議論の場とならならないよう注意する必要があります。そのためにも，ワークショップの活動内容や成果を，社内報やイントラネット等を通じて適宜社内に伝えたり発表することで，他の社員がインターナル・ブランディングに関心を持つだけでなく，できる限り参加・体験できる環境づくりをすることが重要です。

　また，経営側は選出されたメンバーやスタッフが積極的にワークショップに参加できるよう支援することは言うまでもなく，ワークショップで案出し提案された内容については，それらを受け入れて検討し，必要であり実行できると判断したものについては具現化できるようにすることも考えておかなければなりません。

　インターナル・ブランディングにおける，「見える化」「自分ゴト化」「行動化」の概要と推進体制のパターン例について説明してきましたが，各ステップに関連する取り組みをもう少し詳しく説明する前に，「見える化」で明示すべき「ブランドの'考え方'」について説明しておきたいと思います。

「見える化」で提示すべき「ブランドの'考え方'」

先述したように，インターナル・ブランディングにおける「見える化」では，「ブランドの'考え方'」を明確にして提示します。その'考え方'についてはこれまで何度か言及してきましたが，端的には「ブランドコンセプト」ということができ，ブランドのあるべき姿，提供価値等を表します。「ブランドビジョン（展望・方向性）」や「ブランドミッション（使命）」といった言葉で明文化することもできます。

一方，ブランディングに関係なく，ほとんどの企業には経営や事業の拠り所となるものが存在します。「企業理念」「経営理念」「社是」「行動指針」等がそれにあたりますし，「経営ビジョン」や「事業ビジョン」，そして「経営計画」等もその例として挙げられます。これらはすべて企業の考え方，事業の指針や方向性を明示したものであり，どこまで開示するかは別として，「見える化」の対象になるものと考えることができます。

本来これらは企業経営や事業推進の基盤であり，それらがあれば十分かもしれませんが，ブランディングに取り組む企業は，それらとは別に「ブランドの'考え方'」を「見える化」することによって，経営戦略や事業戦略との整合性を図りながら，事業活動の拠り所とすることがあります。

しかし，「ブランドの'考え方'」は「企業理念」や「経営理念」と別々に存在するものでなく，それぞれの関係性や位置づけを明確してひとつの体系の中で捉えておかなければなりません。

企業／経営理念と「ブランドの'考え方'」

「企業理念」や「経営理念」は企業経営において不可欠なものですが，その2つの違いを明確に区別することは難しく，そのどちらかを掲げている企業もあれば両方を掲げている企業もあります。

いずれにせよ，企業の理念とはその企業の思想や価値観です。さらに言うと，

企業としての在り方に関する基本的な考え方，つまり何のために企業として存在するのかという「存在意義」を表したものです。一方の「経営理念」は，経営の在り方に関する基本的な考え方，すなわち何のために企業経営をするのかという「経営の意義」を標榜したものであるといえます。私はそれぞれの定義を次のように考えています。

- 「企業理念」とは，「どのような企業でありたいか／あるべきか」という企業の思い
- 「経営理念」とは，「どのような経営をしたいか／するべきか」という経営者の思い

このように考えると「企業理念」と「経営理念」の意味合いは少し異なりますし，「企業理念」が「経営理念」の上位概念のようにも思えます。とはいえ，どちらも基本的な考え方としてその企業の根幹となるならば，それぞれを区別して標榜するか，どちらか一方を掲げるかは大きな問題ではありません。大切なことは，企業の存在意義や経営の在り方を明示するということですし，創業者は自ずとそうした考え方を示しているものです。以下では「企業理念」と「経営理念」を「企業／経営理念」と表記します。

企業／経営理念と現場のギャップ

コーポレートブランディングのプロジェクトに取り掛かる際，私はクライアントの企業／経営理念は言うまでもなく，主要な競合他社の理念を確認します。これまで様々な企業／経営理念を見てきましたが，その内容や位置づけは各社各様です。しかし，共通しているのは，そのほとんどが企業経営に必要となる基本的な思いが述べられていることです。企業の存在意義を明示する理念は企業にとってなくてはならないものです。しかし，その一方で「大切なのは分かるが，自分たちとは距離がある」という社員の声を耳にすることがあります。それはつまり，事業の現場にいる社員の意識と理念との間に乖離があるということです。社員がそのように感じてしまう理由としては，以下のようなことが考えらえられます。

- 大切なのは分かるが，どこにでもある内容で社員にとってピンとこない。

- 内容には共感できるが，抽象的で社員にとっての指針や心掛けになりにくい。
- 企業や経営者の考え方を表した内容であり，社員が当事者にはなりにくい。
- 顧客・生活者にとっては直接的に関係のない内容に思える。

しかし，これは仕方のないことかもしれません。なぜなら，定義で記したように，企業／経営理念は'企業としての思い'，あるいは'経営者の思い'を表しているからです。その思いを社員が認識し共有することは大切ですが，経営者と社員は，視点，立場，役割，権限等が異なります。つまり，自社の企業／経営理念を社員が自分の会社のものと認識しながらも自身のこととは捉えにくく，距離を感じるのは仕方ないことなのです。企業／経営理念とはそういうものですが，企業のあり方や経営の思いを掲げることが大切です。したがって，奇をてらった表現や個性的な表現である必要はないのではないかと私は考えています。

「ブランドの'考え方'」で企業／経営理念と事業の現場をつなぐ

こうした企業／経営理念と事業の現場との乖離を埋めるために，「ブランド」を機能させることができます。「ブランドの'考え方'」が企業／経営理念と現場をつなぐ架け橋となるのです。しかし，「ブランドの'考え方'」と言うとき，それが企業／経営理念と何が違うのか分かりにくいかもしれませんし，実際そうした質問を受けることもあります。

ブランドは企業だけでつくることはできず，企業と顧客・生活者が一緒になってつくられるものです。企業が良い製品，良いサービスを提供し，良い事業を展開していると考えても，顧客・生活者がそれを「自社あるいは自分にとって良い」と実感し，受け入れなければブランドにはなりえないからです。重要なことは，顧客・生活者が「自社あるいは自分にとって良い」と思い，受け入れるかどうかということです。

とするならば，企業はブランドを通じ「顧客・生活者にとって良いこと，良

いと感じることを提供する」という意思や使命感，「あるいは顧客・生活者に
とって良いことを提供するブランドである」という存在意義を明確にしなけれ
ばなりません。それが「ブランドの'考え方'」です。

　しかし，「ブランドの'考え方'」を明確にするだけでは十分ではありません。
その'考え方'を，企業／経営理念のようにブランドの「約束」といった形で明
文化し，社内外，特に顧客・生活者に対して表明することが大切です。そして，
この「約束」が企業／経営理念と事業の現場をつなぐ役割を果たします。

　企業／経営理念は，企業経営のバックボーンとなるものですが，顧客・生活
者を視野に入れていることが多いものの，直接的に語り掛けないものであって
も構いません。なぜなら，それらは企業や経営者の'思い'だからです。ですの
で，例えば「社員を幸せにする経営をする」や「世界一の企業になる」のよう
に顧客・生活者と直接関係のない内容でも構わないのです。

　一方，ブランドの「約束」は，顧客・生活者を想定して語り掛けるものです。
約束である以上，事業を通じてそれを果たし具体的な形にして応えなければな
りません。また，ブランドの「約束」は，企業経営における事業活動の中で実
行されるものなので，そのバックボーンとなる企業／経営理念と切り離して考
えることはできませんし，事業戦略や事業方針との連動性や整合性がなければ
なりません。図表5-4に示すように，理念と事業の現場（社員）の間に乖離
があったとしても，その間に「ブランドの'考え方'」をブランドの「約束」と
して表明し介在させることで，それらがつながるわけです。事業の現場で働く
社員は，理念をバックボーンとして表明するブランドの「約束」に応じた行動
を事業活動の中で実践し，顧客・生活者にとっての価値を提供するということ
になります。したがって，社員はその「約束」を認識しなければならず，その
ためにもインターナル・ブランディングが必要になるのですが，それに取り組
む中で企業／経営理念も認識することができるのです。

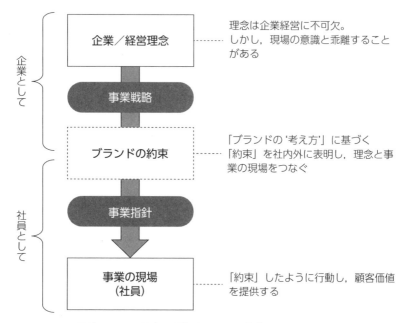

図表5-4　理念と現場をつなぐ「ブランドの約束」

「ブランドの'考え方'」を「約束」として表明する方法

　「ブランドの'考え方'」を「約束」として社内外に端的に表明する方法のひとつに，「（ブランド）タグライン」があります（第4章「ブランドマネジメントの目的とポイント」の「伝え方」を管理する項を参照）。

　しかし，ブランドタグライン等のように一行の短いフレーズで「ブランドの'考え方'」を「約束」として表明することは難しく，事業活動の拠り所として機能させるには無理があります。ブランドタグラインは，ブランドの「約束」を表明するというよりも「ブランドの'考え方'」を象徴的に表現する短いフレーズと考えたほうがいいでしょう。ちなみに，タグラインはコピーライター等が「ブランドの'考え方'」に基づいて開発したいくつかの案から採択されるというのが一般的ですが，社内公募する企業もあります。また，商標として登録されることもあります。

　「ブランドの'考え方'」を「ビジョン」「ミッション」「バリュー」等のように個別に明文化する企業はありますが，ブランドの「約束」を明文化した'宣言文'をつくる企業もあります。その宣言文は「ブランドプロミス」や「ブランド憲章」あるいは「ブランド宣言」「ブランドウェイ」のように，様々な名称で呼ばれます。また「○○プロミス」「○○ウェイ」のように「○○」のところにコーポレートブランド名が適用されている場合もあります。その表現方法や内容，レベルは企業によって異なりますが，その表現形式がどうであれ「ブランドの'考え方'」を社内外に宣言し発信できるようにすることが大切です。事業と連動した内容で真摯な思いがきちんと表現できれば，広告でみかけるような，聞こえの良い言葉を並べ修辞を凝らした文章をつくる必要はありません。

　ブランドの「約束」を表明する宣言文の開発にあたっては，以下の点を考慮し，それらをどう宣言文の構成要素として盛り込むかを検討して取り組まなければなりません。

　【ビジョン】どのようなブランドとなることを目指しているか。

　【ミッション】果たすべき使命をどう考えているか。

　【企業の意思】ミッションを果たすために何をするのか。

　【らしさ】　ブランドの'こだわり'や'らしさ'を表現しているか。

　【事業展開】事業と連動性や整合性を持ち事業展開につなげられるか。

　しかし，「ブランドの'考え方'」が「ブランドビジョン」や「ブランドミッション」のように，何らかの形式で分かりやすく明文化されていれば，必ずしも宣言文のようにして表明する必要はありません。

'ブランドプロミス' について

　私は，ブランドの「約束」を表明する宣言文を「ブランドプロミス」としてその開発に取り組むことが多いのですが，どんな場合も「顧客にとってどうあるべきか」という点を最も重視します。その開発あたっては基本的に次のような手順で行っています。以下では宣言文を「ブランドプロミス」と表記します。

① クライアントの現状を調査し，事業戦略や経営計画等を確認する。

② そこから，クライアントの強みやこだわり，差別化要素を明確にする。

③ ブランドコンセプト（「ブランドの'考え方'の中核)」を策定する。

④ ブランドが目指す姿（ブランドビジョン）やブランドが果たすべき使命
（ブランドミッション）を明確にする。

⑤ ③〜④を宣言文として整理し精緻化する。（図表5-5参照）

⑥ 今後の事業展開を想定し，内容を事業視点で検証する。

こうして最終的に50字から150字程度の宣言文にまとめますが，これぐらい
の文字数であれば何度か繰り返せば覚えることができます。そして，「ブラン
ドプロミス」を確定するにあたっては，事業戦略や計画と連動性や整合性があ
ることを確認することが重要です。私は「ブランドプロミス」には，戦略展開
のための'戦略軸'が含まれていなければならない」という言い方をしています。
戦略軸とは，中・長期経営計画の骨子とつながるものです。

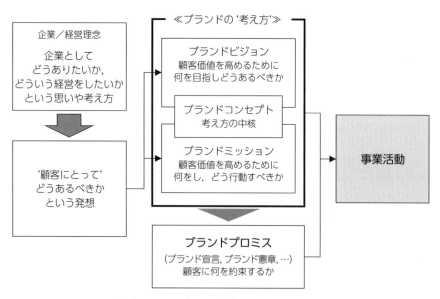

図表5-5　ブランドプロミスの構成要素

　「ブランドプロミス」は，「見える化」のステップで作成するツール等に反映させるものとして有効に機能させることができます。また，「自分ゴト化」のステップで開催するワークショップでは共通の価値観となりますが，より大切なことは「行動化」を推進する中で，社員がブランド価値を高めるために何をすべきかを振り返り，掘り下げて考える際の回帰点になるということです。

理念体系の整理

　「ブランドプロミス」を開発すると，企業／経営理念及び行動指針等との関係性や位置づけがよく分からないという質問やそれを明確にしたいという要望が出ることがあります。そのために，それらの位置づけをひとつの体系の中で整理しておく必要があります。

　図表5-6は理念体系を整理した一例です。企業／経営理念は理念体系の上位に配置することができます。「ブランドコンセプト」や「ブランドプロミス」は次の層に位置づけられ，その下が行動指針や行動規範等となります。

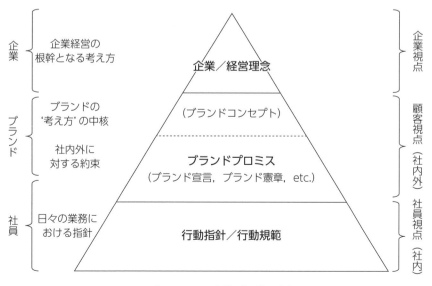

図表5-6　理念体系の整理例

　最上位の企業／経営理念は企業経営を支える'企業視点'での概念であり，いちばん下の行動指針や行動規範は，社員が日々の業務の中で心掛けるべき行動の判断基準です。企業／経営理念と，行動指針や行動規範の位置を逆にする企業もありますが，何を上位にするかは企業次第です。そして「ブランドプロミス」等で表現される「ブランドの'考え方'」は'顧客・生活者視点'で掲げられ，企業／経営理念と行動指針や行動規範の間の位置づけとなります。図表5-4を使って「ブランドプロミス」等が理念と現場をつなぐということを説明しましたが，図表5-6の理念体系の整理例はそれを反映しています。

　こうして「ブランドプロミス」等は，企業／経営理念と行動指針や行動規範と結びつき，'らしさ'づくりであるブランディングや顧客価値の提供に向けた顧客・生活者視点での事業活動の拠り所となるのです。

　「見える化」のステップは，「ブランドプロミス」等のように明示された「ブランドの'考え方'」を社員が認識（認知，理解）できるように，様々なツールを検討しますが，そのツールについては後ほど紹介します。では，「自分ゴト化」と「行動化」について，詳しく説明していきましょう。

「自分ゴト化」への取り組みに必要な5つの視点

　「自分ゴト化」は「見える化」のステップを受けて，「行動化」につながる重要なステップです。このステップではブランディグに取り組むことの意義や「ブランドの'考え方'」に対する理解を深めるとともに共感や納得を促します。

　「ブランドプロミス」等によって「ブランドの'考え方'」を「見える化」したとしても，社員がその内容を必ずしも理解するわけではありませんし，ブランドの社内浸透・定着やインターナル・ブランディングといってもピンとこない，あるいはそれは一部の人がやることだと認識されることがありえます。

　最初は経営側からの押し付けだと認識されたとしても，社員が「見える化」されたブランドの「約束」を日々の業務と関連づけ，自分がやらなければならないことと認識できるようにしなければならず，それができるかどうかはインターナル・ブランディングが成功するかどうかのポイントとなります。

「自分ゴト化」のステップでは考えなければならないことは色々ありますが，特に次に挙げる5つの視点を考慮して取り組むことが重要です。

① 「ブランドの'考え方'」の理解を深め共感・納得を得る

「ブランドの'考え方'」はブランド戦略やブランディングの基軸となるものです。それは同時に事業活動の拠り所として機能させることができます。したがって，その理解を深めて，社員の共感・納得を得るようにすることが「自分ゴト化」のステップで最も重要です。そのためにもブランドの約束を顧客・生活者視点で明文化して示すことが大切であり，「ブランドプロミス」といった宣言文を活用することができるのです。

② ブランドの「約束」を事業活動と結びつけて考えられるようにする

社員がインターナル・ブランディングによって「ブランドの'考え方'」を認識しその内容を理解したとしても，それを事業活動に結びつけてイメージし考えることができなければリアリティがありません。「ブランドプロミス」等の宣言を単なる言葉づくりで終わらせないようにするためにも，「自分ゴト化」のステップでは，ブランドの「約束」が事業活動や自分の業務とどう結びつき，その中で何をすべきかを社員が考えることができるようにしなければなりません。

③ ブランドの観点から業務を見直し，業務の改善・強化のきっかけを見つける

ブランドの観点から業務を見直し，業務改善・強化のきっかけを見つけることは，ブランドの社内浸透を図ることとともに，インターナル・ブランディングにおいて期待できる成果のひとつでもあります。「ブランドの観点から」というのは，顧客価値，すなわち顧客・生活者にとって大切なこと，必要なこととは何かという視点で考えることです。「自分ゴト化」のステップでは，そうした視点から業務を見直したとき，何をどう改善・強化すれば顧客価値を高め

ることができるかについて考えるきっかけや機会をつくることができます。

④ 社員が参加し体験できる機会をつくる

　以上の①〜③を推進するとともに社員の参画意識を醸成するために，社員が参加し体験できる機会をつくらなければなりません。そのためにブランディングをテーマにワークショップが開催されることがありますが，社員が自発的に情報を発信したり共有できる仕組みをつくり，社員が参画する社内施策を継続的に実施することが必要となります。

⑤ 社内浸透活動を支援する人材を育成する

　「自分ゴト化」のステップでは，社内浸透活動を支援する人材を育成することも考えておかなければなりません。社内浸透活動の中心となるのはインターナル・ブランディングを推進する事務局ですが，その活動を効率的に実施するためにも事務局と一緒になって「自分ゴト化」に取り組み事務局を支援してくれる人材を育成することが重要です。その人材は「ブランドアンバサダー」や「ブランドタスクフォース」等と呼ばれることがありますが，ワークショップのために社員の中から選出された暫定的なメンバーや選抜された中期的なスタッフをその人材として育成するケースがよく見られます。

「自分ゴト化」の３つの実施アプローチ

　インターナル・ブランディングの推進体制として３つのパターン例を図表5-3で挙げましたが，「自分ゴト化」のステップではいずれのパターンであっても次の３つの実施アプローチ方法が考えられます。
　① ツール活用型アプローチ
　② キャラバン型アプローチ
　③ ワークショップ型アプローチ
　どのアプローチ方法で取り組むかによって，事務局の関与の度合いやインターナル・ブランディングの成果は変わってきます。

① ツール活用型アプローチ

　これはツールを活用し「見える化」された「ブランドプロミス」等を社員が目にする機会を増やすことに重点を置くアプローチです。ブランドブックやカードといった浸透ツールを作成して配布することが基本的な作業となりますが，それと併せてイントラネットやウェブサイト，あるいは社内報で表示したりポスターを作成して掲示したりします。このアプローチでは，事務局は社員に直接接する機会は少なく，ツール類の作成やブランディングに関する情報の受発信方法や手段を考えることに注力することになります。ただし，ブランドブックやカード等は「自分ゴト化」を推進する上で，重要な浸透ツールとなりますが，それらを配布するだけでインターナル・ブランディングを実施したと考えないほうが良いことは先述したとおりです。

　また，イントラネットのようなオンラインシステムを使って「ブランドプロミス」等を表示するだけでなく，いわゆる'バーチャルコミュニティ'のような情報交換や交流の場をつくり，ブランドを共通の旗印として社内コミュニケーションの活性化に取り組んでいる企業もあります。

② キャラバン型アプローチ

　このアプローチは，事務局が社内の部署や地方の支店，あるいは工場（メーカーの場合）等に行ってブランディングへの取り組みや「ブランドプロミス」等についての説明会を開催するというものです。このアプローチではブランドブックやカードを利用しながら，より多くの社員にブランディングへの取り組みを直接説明し，「ブランドの'考え方'」や「ブランドプロミス」等への認識を高め理解を深めます。ブランド動画やトップからのメッセージ動画等を制作すれば，それも活用することができます。また，昨今ではオンラインシステムを活用して実施するケースも増えています。

　この機会を利用して現場の社員に対してブランドに関する研修会や勉強会を開催することもできます。このアプローチは社員に直接働きかけ相互のコミュニケーションが可能になるので，現場の社員には理解し伝わりやすくなりイン

パクトがあります。ただし，その中で課題シートに記入したりレポートを提出する等，参加する社員に課題を組み込まなければ，説明を聞くだけの受動的な活動となってしまいかねません。

③ ワークショップ型アプローチ

これも他の2つのアプローチと同様に，ブランドブックやカード等のツールを活用できますが，事務局が中心となって，ワークショップの企画，運営，実施，まとめ等を行います。

インターナル・ブランディングの推進体制として図表5-3で示した3つのパターンのいずれにもワークショップがあるように，ワークショップ型アプローチは「自分ゴト化」において非常に有効であると言えます。このアプローチではインターナル・ブランディングの推進に向けた社内のムード（動き）を醸成しやすくなるので，様々な浸透ツールを活用して活動成果を高めるメリットもあります。ただし，すべての社員をワークショップに参加させることは難しいので，より効果的に実践できるよう協力してくれるメンバーを選出する等，事前に実施体制を構築しておいたほうがいいでしょう。

「自分ゴト化」のステップにおける3つのアプローチについて説明しましたが，それぞれを別々に検討するだけでなく，それらを効果的に組み合わせて実施することもできます。事務局のキャパシティや権限等，インターナル・ブランディングを推進するにあたっての自社の環境や状況に応じて判断しなければなりません。

「自分ゴト化」における勉強会，研修会の実施方法

企業は一般的に，スキルアップ等に向けて様々な社員研修や勉強会あるいはワークショップ等を実施しています。そうした機会では多くの場合，知識や技術の習得，スキルアップ，あるいは働き方に対する意識変革やモチベーションの向上といったことに重点が置かれます。社員の能力向上や風通しの良い企業

風土づくりといった目的のためにそうした機会は有効であり，具体的なアウトプットを出さなくても参加することに大きな意義があります。

　インターナル・ブランディングにおいても同じことが言えますが，「自分ゴト化」のステップにおけるブランドの研修や勉強会では，「学習型」と「アウトプット型」という実施方法が考えられます。キャラバン型アプローチは「学習型」ですが，ワークショップ型アプローチは「学習型」でも「アウトプット型」でも実施することができます。

学習型

　社員が「ブランドの'考え方'」について学び，それを日常業務に照らし合わせて自分の立場で考えられるようにすることに重点を置いた実施方法です。ですので，具体的なアウトプットを必ずしも出さなくても構いません。オンラインシステムを活用したり，Ｅラーニング形式で実施することもできます。この方法では，より多くの社員の参画機会をつくることができますが，その成果は社員の意識の度合いに委ねられます。

アウトプット型

　ワークショップを開催し，「ブランドの'考え方'」に基づいて具体的なアウトプットを出すことを目的とする実施方法です。アウトプットする項目としては，行動指針やブランドの浸透施策あるいは自身の行動目標等が挙げられます。図表5-3の「暫定メンバー選出」あるいは「プロジェクトチームの設置」で示した推進体制のパターンにあるように，事務局は選出されたメンバーやプロジェクトチームと一緒になってワークショップを実施します。「学習型」に比べて参加できる社員の数は限られてきますが，参加者は「ブランドの'考え方'」を自分の業務に照らし合わせてより深く考えることができます。

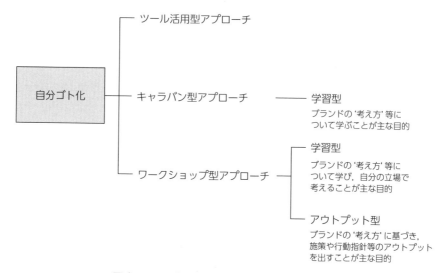

図表5-7 「自分ゴト化」の実施アプローチ

「自分ゴト化」におけるワークショップの実施とその基本フロー

　ワークショップ型アプローチで取り組む場合，それが「学習型」であれ「アウトプット型」であれ，ワークショップを円滑に開催するまでの下準備と実施後の対応策を明確にしておかなければなりません。図表5-8は「アウトプット型」でワークショップを実施する場合の基本的なフローです。

事務局の設置

　まずワークショップを企画し計画して，運営する事務局を設置しなければなりません。ブランディングに携わり，「見える化」のステップを推進した担当者（部署）がその事務局となるのが一般的です。ブランド戦略部やブランドマネジメント室といった専任部署を設置している企業の場合はその部署が事務局となりますが，専任部署を設けていない場合は，全社横断的な業務に携わる部署が通常業務と兼任で事務局を担当することになります。また，インターナ

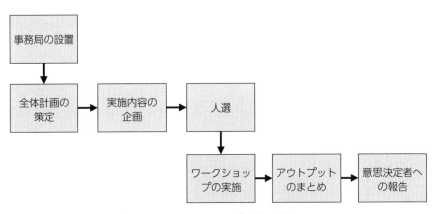

図表5-8　ワークショップ実施の基本フロー

ル・ブランディングは全社的な活動となるので，アウトプットに応じて関連部署と連携できるよう事前に協力を得ておくことも大切です。

全体計画の策定

　事務局は，ワークショップを効率的に実施し，より良い成果を出せるよう全体的な実施計画を策定しなければなりません。その策定にあたっては以下の点を明確にします。

- どのような「形式」で実施するか。
- どれぐらいの「規模（人数，時間)」で実施するか。
- どの「場所（会場)」で実施するか。
- どれぐらいの「頻度」で実施するか。
- 何を「アウトプット」とするか。

　ワークショップの「形式」としては，グループディスカッションが一般的です。これは数名のグループを複数つくり，グループごとに「ブランドプロミス」等をもとに「ブランドの'考え方'」を共有してその理解を深めるとともに，その浸透施策等について議論して発表するというやり方です。社内研修等で一般的に採用される形式です。

　「規模」については，まず「人数」ですが，ひとつのグループには4から6

人ぐらいが適正なサイズと考えられます。3人程度だと意見が出にくくなったりして議論が活発化しないことが考えられ，7人以上になると意見を言わない人や，議論に積極的に参加しない，あるいは参加したくても遠慮してしまう‘傍観者’が現れかねません。また，発表時間を考慮するとサイズは4から6グループで，全体の人数は15人から40人ぐらいということになります。企業規模に応じて参加者数が10人から15人で，それを2，3グループに分けるという形式となってもかまいません。

「時間」は内容とグループ数によりますが，最低でも2時間は必要です。3時間であればなんとか議論と発表はできるでしょうし，4時間以上を設定すると充実した議論と発表を行うことができます。半日かけることもありますが，業務に支障が出ないことを考慮する必要があります。

「規模」が決まれば，ワークショップを実施する場所（会場）を決めなければなりません。社内の会議室等で実施することが一般的ですが，研修施設がある場合はそこで実施することもあります。また，費用はかかりますが，貸し会議室やホテル等の会議場を借りて実施することもあります。ワークショップに集中できるよう，できる限り日常業務から隔離された環境で実施することが大切です。

次に「頻度」ですが，参加者は日々の業務があります。メンバーとして選出されたとしても，業務に直接関係のないイベントに参加するために時間を取らなければなりません。したがって，業務に支障をきたすほど頻繁に実施すべきではありません。とはいえ，「ブランドの‘考え方’」の理解を深め，その浸透・定着に向けた施策を検討するわけですから，ある程度集中した期間に実施するほうがより良い成果が期待できます。

「学習型」ではアウトプットを必ずしも出す必要がないので1回でいいかもしれません。「アウトプット型」の場合は何をワークショップのアウトプットとするかにもよりますが，「行動指針」等を出す場合は3週間に一度くらいの頻度で2〜4回程度で実施するのが良いのではないでしょうか。間隔が1ヵ月以上空くと前回の議論の内容を忘れてしまうことがありますし使命感も薄れてしまいかねません。

　場合によっては，半日あるいは終日どこかの場所に詰めて，集中的に1回で終えるというやり方もあります。しかし，ワークショップで議論し発表したとしても，自身の業務に照らし合わせながら冷静になって考える時間が必要です。したがって，インターナル・ブランディングの目的を理解し，「ブランドの'考え方'」や「ブランドプロミス」の内容を把握することも含めると，やはり1日で終えるのは少し大変かもしれません。図表5-9に全体計画策定における検討事項をまとめましたので参考にして下さい。

形式	・参加メンバーによるグループの編成 ・グループ・ディスカッション（議論） ・各グループごとの議論内容の発表と質疑応答 ・参加者全員で共有
規模	・1グループ4〜6人程度 ・4〜6グループ程度 ・総人数15人〜40人程度
場所	・社内の会議室 ・自社の研修施設 ・貸し会議室，ホテルの会議場等
頻度	【学習型】 ・1回 ・（必要に応じ）参加者を変えて継続的に実施 【アウトプット型】 ・2〜4回程度 ・3週間に1回程度 ・2〜3か月で集中的に開催
アウトプット	・浸透・定着施策案 ・浸透・定着ツール案 ・（必要に応じ）行動指針等

図表5-9　全体計画で検討する項目例

実施要領の企画

　全体計画に基づき，ワークショップの実施要領を企画します。各回のワークショップをどのような内容で実施し運営するかということについて次のような内容を明確にしておきます。

- 当日の実施要領や方針
- 当日のプログラム（時間割）
- 当日議論する内容と目標
- 今後の進め方とスケジュール

　また，当日の議論やまとめに必要と考えられるツール，設備，什器類をピックアップし準備しておくことも大切です。具体的なアイテムとしては，筆記具，ポストイット，書き込みのできるペーパーやホワイトボード等が挙げられます。また，会場や進め方にもよりますが，パソコン，プロジェクター等があったほうが良いでしょう。

人選

　全体計画を策定し実施要領が明確になれば，次はメンバーの選出です。選出されるメンバーは，インターナル・ブランディングの推進に向けた事務局の協力者，あるいは推進支援者としての使命や役割を担うこともあります。人選ではどれぐらいの年代あるいは役職の社員を選出するかを慎重に検討しなければなりません。人選について質問を受けたとき，私は次のような人を参考条件として挙げています。

- 部署の現状を（ある程度）把握していて，自分の考えで意見の言える人
- 会社や自分の事業に対して，自分の考えで意見の言える人
- ワークショップで議論したことついて部署の上司やメンバーに意見を求めたり，その意見をまとめてワークショップで報告できる人

　企業にもよりますが，この条件に照らし合わせると中間管理職かそれに準ずる立場にある人，条件に適したやや若手の人が選出されることが多く見られます。人選は事務局だけでできるものではありませんので，社員の能力を把握し，評価できる立場にある人の協力が必要です。事務局が部署の責任者にインターナル・ブランディングの目的とワークショップの実施について説明し人選してもらうことが一般的です。

　先述したように，インターナル・ブランディングのワークショップは業務に直接的には関係はしません。したがって，部署の上司がそれを大切な社内活動

と認識し，部下がワークショップに参加することに協力してもらえるよう配慮することが大切です。しかし，部下が参加することを上司が快く思わず，それを態度や言葉で示したりすることがあります。そうすると，選出されたメンバーは参加することを躊躇し忙しさを理由に参加しないということが起こり得ます。こうしたことが起きないようにするためにも，事務局は選出したメンバーの上司の承諾を得ておく必要があります。さらに，このワークショップは会社にとって重要なことであり，選出された部下は部署を代表することを理解してもらえるようにしておきたいものです。

ワークショップの実施

こうしていよいよワークショップを開催することとなりますが，当日の運営や推進については事務局が全体を取り仕切ることになります。事務局は当日，すぐにワークショップを始められるよう，デスクのレイアウトやツール，設備，什器といったアイテム等を整えておかなければなりません。また，メンバーがどこに座ればいいか分かるようグループ編成と着席の場所を示すだけでなく，できればグループリーダーを事前に決めておいたほうがいいのですが，ワークショップ開始時にグループごとで決めても構いません。グループリーダーはグループごとの議論が活発化するようにするだけでなく，議論の進行を管理するといったことが求められます。

選出されたメンバーは上司から参加するよう指示されたとはいえ，なぜ自分が選ばれたのか，何をしなければならないのかをよく理解しておらず戸惑って参加することがあります。参画意識を高めるために，ワークショップの目的や期待するアウトプットは言うまでもなく，当日の進め方やプログラム（時間割）を丁寧に説明することが大切です。

また，同じ社内であったとしても，グループのメンバー同士がどのような業務にどのような立場で携わっているかを知らない場合がありますし，初めて顔を合わせるメンバーがいることもあります。これは企業規模が大きくなるにつれて起こります。したがって，お互いをより良く知り，話しやすくするためにもワークショップの開始時に，グループごと，あるいは全体で自己紹介する時

間があったほうがいいでしょう。

　グループごとの議論が始まると，事務局は全体と各グループの進行状況を確認しながら，プログラム（時間割）に従って時間管理をする必要があります。途中，状況に応じて時間割を調整しながらも，終了時間を守ることが重要です。そして次回の開催時期の連絡をすることも忘れてはなりません。

アウトプットのまとめ

　ワークショップでは，「ブランドプロミス」等で表現された「ブランドの‘考え方’」をどう理解したかということを含め，その社内浸透・定着に向けた様々な施策案について各グループで議論し発表します。他のグループの発表内容は各グループの議論を深め，さらに施策を案出するヒントにもなります。事務局は発表された施策案を各グループから集めて整理し，参加者全員が共有できるようにするとともに意思決定者に施策案を報告できるよう準備しておく必要があります。

　こうしたワークショップでは，浸透・定着施策として様々な案が出されますが，それらの実現性を考慮し，必要なものから順次，社内共通の施策として具体的な形にしていくことが大切です。

　また，具体的な浸透・定着施策を挙げる一方，企業／経営理念や「ブランドプロミス」等に基づき，業務における判断基準となる「行動指針」を策定することをアウトプットとする場合もあります。「行動指針」については，多くの企業がすでに掲げていますが，ここでいう「行動指針」は，ブランド価値を高めるために日々の事業あるいは業務の中で何を心掛けどう行動すればいいかということを判断できる指針となります。それはまた日々の業務において時々振り返り，できているかどうかを照らし合わせて確認できる指針ともなるものです。

　行動指針をアウトプットとする場合のワークショップの具体的な進め方と行動指針案のまとめ方やの策定手順については，本章の後半に示す「進め方の例」と第6章で具体的な実践事例を使って説明します。

意思決定者への報告

インターナル・ブランディングのワークショップは，選出されたメンバーによるクローズド（閉鎖的）なものであってはなりません。したがって，そこで議論され案出された施策案は全社的なものとして実行できるようにすることが重要です。そのためには，ワークショップでのアウトプットをトップマネジメントや事業の意思決定者に報告し，ツール類を作成してもいいのか，具体的施策案を実行していいのかといったことを判断し必要に応じて承認してもらわなければなりません。しかし，すべてを詳細に報告するのではなく，提案された施策案を重要度や優先度等を考慮し，分かりやすく整理しておく必要があります。

図表5−10は施策案を整理する際に使用することのあるシートの例です。まず，「必要（重要）性」と「着手（実行）可能性」の2軸でマトリクスを作成します。すると次の4つのカテゴリーに分類することができます。

- 必要（重要）ですぐに着手（実行）できること
- 必要（重要）だがすぐに着手（実行）できないこと
- すぐに着手（実行）できるが，さほど必要（重要）でないこと
- すぐに着手（実行）できないし，さほど必要（重要）ではないこと

次に，提案された施策案をこの4つのカテゴリーに分類します。そして，最初は「必要ですぐに実行できること」に分類される案にフォーカスして検討し，それに対する承認を得られるようにします。次は，「必要だが，すぐには実行できないこと」ですが，そこに分類された案はなぜすぐには実行できないかを検討し，その要因を明確にしておかなければなりません。

こうしてワークショップで議論したことがトップマネジメントや意思決定者に承認され具体的な形になれば，メンバーは参画した意義を実感できます。そうなれば今後，インターナル・ブランディングの推進支援者として自身の使命を改めて自覚するようになり，さらなる協力が得られます。これも「自分ゴト化」のひとつと言えます。

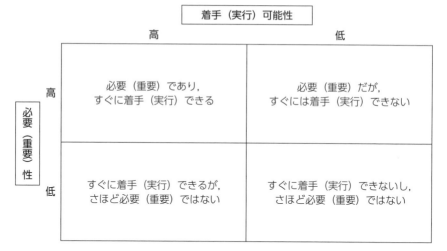

図表5-10　施策案の必要（重要）性と着手（実行）可能性の整理

社内浸透に向けた主なツールと施策

　議論の中で社内浸透ツールや施策についての様々な案が出されますが，どの企業でも大体同じような提案が見られます。ツールの例を図表5-11に挙げていますが，一番多く出されるのはやはりブランドブックやカードです。それには「ブランドプロミス」や「ブランドビジョン」「ブランドミッション」といった「ブランドの'考え方'」を簡潔に表現した文章や「行動指針」，場合によっては企業／経営理念等が収載されます。企業／経営理念や社是，行動指針等を掲載したカードやブックがすでにある場合もありますが，「ブランドプロミス」等を収載して既存のものをつくりなおすことがありますし，すでにあるものとは別に制作することもあります。

　こうしたカードの事例としては，リッツ・カールトンの「クレドカード」が世界的に知られています。これはリッツ・カールトンのスタッフにふさわしい行動を実践するための考え方や指針をまとめた名刺サイズのカードです。カードとはいっても数ページにわたる蛇腹（アコーディオン型）の仕様なので，カードというよりも小さなブックのようなものです。その中には'We are

Ladies and Gentlemen serving Ladies and Gentlemen（私たちは紳士淑女の
ために仕事に従事する紳士淑女である）'というフレーズが掲載されています
が，それはリッツ・カールトンらしく，とても印象的なモノだと思います。

ブランドブック（カード）	ブランドプロミス等を収載したブックやカードを制作し配布する（企業／経営理念や社是，行動の指針等を合わせて収載することもある）。
ブランドパネル	ブランドプロミス等を表示したパネル（額装することも有り）を作成して掲示する。企業の理念等と並べて掲示することもある。
ブランディング・ポスター	ブランドに対する社内の関心を高めるポスターを作成し掲示する。
ブランドムービー（動画）	「ブランドの'考え方'」に基づくブランドの世界観を表現した動画を制作する。トップのメッセージを入れることもある。
イントラネットの活用	イントラネットにブランドについての情報を共有できる場（ページ）を設定する。
社内報の活用	ブランディングの進捗を共有するために既存の社内報にブランドに関するコラムやページを設ける。ブランディングに関する社内報を別途作成することもある。

図表5 11　インターナル・ブランディングで使用されるツール例

　社内ポスターを掲示するという案もよく出されます。これはブランドに対する社員の関心を高めるためのブラディング・ポスターとも言えるものです。キャッチコピー的なフレーズを表示したり，社員が写真で登場するものもあります。キャンペーン的に掲示するものですので掲示期間はさほど長くはなく，同じテーマでデザインを変えたポスターを何度か掲示するケースも見られます。

　一方，「ブランドプロミス」等を掲示するという案もあります。多くの企業が企業／経営理念を額装して社内に掲示していますが，それと同様に「ブランドプロミス」を額装して企業の理念や社是等と並べて中長期的に掲示するというものです。その意味で社内キャンペーン的なブランディング・ポスターとは位置づけや役割が全く異なります。

　他にも，スクリーンセーバーにブランドプロミスを表示したり，名刺の裏面に印刷するといった案もよく挙げられますし，イントラネットに載せて意味を確認できるようにするといった案が出されることもあります。

　最近では，ブランドムービーを制作するという案がよく出されるようになっており，私もいくつもその制作に携わっています。これは「ブランドの'考え方'」に基づいてトップがその思いやビジョンを社員に向けて語り掛けたり，社員の仕事の現場やそこで働く社員の姿等を題材とし，イメージ動画と組み合わせてブランドの'世界観'を表現するものです。言葉や文字を少なくし，どちらかいうと感性に訴えかける内容とするものが多く，時間は３分から６分程度のものが多く見られます。そうした意味では，トップマネジメントの所信表明動画や企業紹介動画とは目的や見せ方は異なります。

　他には，朝礼などで「ブランドプロミス」等を唱和するという案も見られます。さらに，トップの思いを聞ける機会やトップと話せる座談会のようなものを実施する，あるいは「ブランドの'考え方'」に基づく事業部門が行った施策の事例をイントラネットや社内報で紹介するといった案もあります。

「行動指針」をアウトプットとするワークショップについて

　「自分ゴト化」のステップで実施するワークショップのアウトプットとして「行動指針」を策定することがあります。これは「自分ゴト化」を推進する上で重要であり，取り組む企業も多い施策なので，それを実施する際のポイントと進め方について説明します。「行動指針」や「行動規範」とは，「どのように考え，どのように行動するかの基本となる方針」（大辞泉）ですが，本章では「行動指針」に言葉を統一して説明します。

「行動指針」の策定レベルと目的

　行動指針の内容は企業によって様々であり，社員にとって日々の業務における行動の指針や判断基準となるものもあれば，「誠実」「挑戦」「創造」といった単語を行動指針のように定めている企業もあります。また，「法令を遵守する」や「公明正大な取引をする」「環境保全に努める」のように企業経営を行う上で持つべき基本的なことに言及している指針もあります。それは社員に

とっての指針というよりも，どちらかいうと企業としての指針と考えたほうが
いいでしょう。行動指針を策定していない，あるいは外部には公表していない
企業もあります。

　行動指針がすでにある企業はブランディングにおいて新たに策定する必要は
ありませんが，既存の行動指針とは別に「ブランドの'考え方'」に基づく行動
指針を策定する企業もあります。そうした指針の策定を別途検討する理由とし
ては，既存の指針が事業を行う上で基本的な企業視点での内容であり，現場の
社員にとって日々の業務における拠り所となるものを制定したいということが
考えられます。

　すでに行動指針がある場合，「ブランドの'考え方'」に基づく行動指針を新
たに策定するとしても現行のものをなくす必要はありません。両方を併存させ
ることはできますし，現行の指針を新しいモノに変える企業もあります。

　もし既存の行動指針を残したまま「ブランドの'考え方'」に基づく行動指針
を新たに策定する場合は，混乱しないよう別の名称が必要です。例えば，「ブ
ランド価値向上のための行動」や「ブランド活動指針」のような名称が考えら
れます。

　「行動指針」のない企業で，そうした指針を持ちたい，あるいはあったほう
がいいと考えるならば，その策定に取り組み新たに導入してもいいのではない
でしょうか。しかし，行動指針を新たに策定するといっても，日常業務レベル
で考えるのか事業レベルで考えるのか，あるいはすぐ行動できる具体的なもの
にするのか，日頃の心掛けや志のようなものにするのか等，レベルや目的に
よってその内容は異なります。また，業種や業態によっても変わってきます。
考え方次第でいかようにもつくることができるのです。他社のものを参考に検
討もできますが，「あれも入れたい，これも入れたほうがいい」といったよう
に，他の事例を見れば見るほど混乱してくるものです。したがって，策定した
い，策定すべきであると経営者が考えたとしても，どのような視点でどうつ
くっていいか分からなくなってくるかもしれません。しかも行動指針は一度導
入すると長く使うものであり，簡単に変更はできないので策定には慎重に取り
組まなければなりません。

「ブランドの'考え方'」に基づく行動指針

　インターナル・ブランディングでは，選出された社員がワークショップにおいて，「ブランドの'考え方'」を拠り所として行動指針を策定することができます。とはいえ，行動指針の策定に携わったことのある社員はほとんどいないでしょうし，新たに携わるにしても何から着手し，何をどうつくっていいか分からないというのが普通だと思います。しかも，なんとか指針案を出したとしても，ワークショップに参加するメンバーの所属する部署によっても内容は異なりますし，言葉の語尾や表現方法等もバラバラになることもあります。こうした中で，行動指針にまとめ上げるのはなかなか大変な作業です。

　それでもワークショップにおいて行動指針の策定に取り組むメリットとして次のようなことが挙げられます。

- インターナル・ブランディングへの参画意識を醸成できる。
- 「ブランドの'考え方'」を拠り所として考えることができる。
- 社員が自分の業務と照らし合わせて考えることができる。
- 社員が自分たちで考え策定したものを社内に定着させる使命感や責任感が持てる。
- 社員が考えたものとして経営側が納得しやすい。

　つまり，インターナル・ブランディングにおけるワークショップで行動指針を策定するということは，'自分たちのために，自分たちのものを，自分たちで'策定するということなのです。

「行動指針」策定のポイント

　ではここで，行動指針をアウトプットとするワークショップを実施するにあたってのポイントについて説明しましょう。

　ブランドは顧客・生活者に対する「約束」であり，事業の中でその約束を守り具体的な形にしていかなければなりません。したがって，インターナル・ブランディングで策定する行動指針は自社のブランド価値を高めるために，日頃

の事業や業務の中で心掛け，できる限り具体的に実施できる内容でなければなりません。

　私は行動指針案をアウトプットとするワークショップに携わる際は，最初に「行動指針とは，自社の価値観に基づく自社らしい業務活動を実践するための判断基準あるいは指針となるもの」と説明し，考慮すべき点と留意すべき点を次のように挙げています。

≪考慮すべき点≫

- 日常業務の心掛けとして機能させることができる。
- 日常業務に照らし合わせて考えることができる。
- 何かのときに立ち返って確認することができる。
- 業務の質を高める行動の拠り所となる。
- 具体的に行動することができる。

≪留意すべき点≫

- 「お客様の夢や幸せを実現する」のような抽象度の高い内容は避ける。
- 「革新的な」「世界一の」のように業務の中で実現しにくい内容は避ける。
- 「最高の」のように人によって価値判断が曖昧となる内容は避ける。

　つまり，社員が日々の業務活動において具体的な行動をイメージして実践できることが大切です。なお，「留意点」の3つ目に関連することですが，「お客様に‘最高’のサービスを提供する」といった指針を見かけることが時々あります。これはビジョンの中の思いや志の表現としてはいいかもしれませんが，行動指針としてはあまり適さないように思います。「最適なサービス」ならまだ分かりますが，「最高」とするとそのレベルの解釈が難しく，行動指針としては機能させにくくなるからです。

　また，行動指針について説明する際に，他業界の指針の事例を提示することもありますが，そうすると参加者には行動指針とはどういうものかを少しイメージしてもらえるようです。しかし，事例をしっかり説明することはしません。それをすると，参加しているメンバーが事例に影響され，場合によってはそのまま採用してしまうことがあるためです。また，行動指針は突飛な内容である必要もありません。行動指針の策定は言葉づくりではなく，どのような内

容が自分たちの行動の指針として機能させやすいかを考えることが大切です。それでもまだ分かりにくい場合は，他社事例を研究することは役に立ちますが，先述のように研究しすぎると混乱してしまいかねないので注意が必要です。

「行動指針」策定に向けたワークショップの進め方の例

ワークショップの進め方は企業によって異なりますし，企業の状況に応じてアレンジし実践すればいいと思います。図表5-12は，インターナル・ブランディングの一環で行動指針を策定するワークショップを3回実施する場合の進め方の事例です。この事例では，1回当たり3から4時間程度，1回ずつのワークショップは3週間程度の間隔を空け，2から3ヵ月程度の期間で実施することを想定しています。

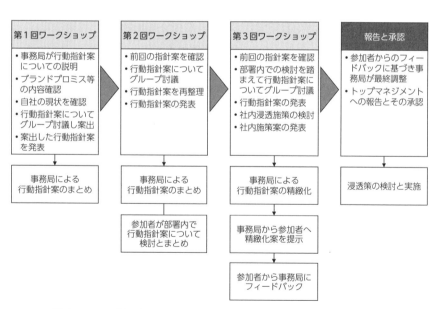

図表5-12　「行動指針」策定に向けたワークショップの進め方の例

第1回ワークショップ

　第1回は選出されたメンバーに自分の役割を認識してもらうとともに，「行動指針」について知ってもらうことが目的です。まずワークショップの目的と行動指針とは何かについて理解し，「ブランドプロミス」等の内容を確認します。次に，いきなり行動指針について議論するのではなく，行動指針を考える下地をつくります。例えば，自社の強みや弱み等について確認し，それについて今後何をすればいいのか，どう行動するべきかといったことを議論するというやり方も考えられます。自社の現状に関する内容であれば，メンバーは日々の業務に照らし合わせながら考え，グループで討議することができます。

　このようにして下地をつくった後は，とにかく行動指針を考え具体的な案にしてみることです。ただし，第1回目は，行動指針とは何かを認識し，その案を考えたという自覚を持ってもらうためのものなので，言葉や内容のレベルがバラバラであっても構いません。つまり，現場で機能するかどうかは別として，行動指針を考え発表したという体験ができればそれでいいのです。

　事務局は，グループから出された強みや弱み及び行動指針案をまとめ，次回に向けて提示できるようにします。

第2回ワークショップ

　第2回では再度ワークショップの目的を確認し，第1回の内容を振り返ることから始めます。2回目なので行動指針についての知識や認識は前回よりも深まっているでしょうし，何をしなければならないかについても理解できているはずです。

　まずは，前回のワークショップでグループごとに発表した自社の現状及び行動指針案を振り返って確認します。1回目で他のグループの発表内容も聞いているので，第2回ではそれも参考にしながらグループごとに行動指針についての議論を深めて案を精緻化し発表してもらいます。

　ワークショップ終了後に事務局は，第1回と同様に出された各グループの行動指針案についてまとめます。第2回ではメンバーに対し，部署に戻って自社

あるいは自分の部署にどんな行動指針が必要かを議論し検討するという課題を
与え，次回のワークショップで討議できるよう準備しておいてもらいます。

第3回ワークショップ

　第3回になると行動指針についてメンバーの理解はかなり進んでいるでしょ
うし，業務の現場で使える行動指針についてよりリアリティをもって考えるこ
とができるようになっているはずです。

　まず，各グループから出された行動指針案を確認しながら前回を振り返りま
す。続いてグループ討議をするわけですが，部署に戻って行動指針について議
論するという課題を出しているので，それを踏まえてグループごとに議論を深
め，精度の高まった行動指針案を出し発表します。さらに，第3回では行動指
針を社内に浸透・定着させるために何が必要で何をすればいいか，その施策案
についても議論し発表してもらいます。

　事務局はこの回の終了後は，各グループから出された行動指針案を整理して
言葉やレベル合わせをするとともに内容の過不足を検討して最終精緻化し，そ
の案を参加メンバーに提示します。メンバーからのフォードバックを受けて
トップマネジメントに報告できるよう最終調整をします。

報告と承認，そして浸透施策の検討と実施

　事務局は最終調整した案をトップマネジメントに報告し承認を得ます。その
後，第3回で議論し発表された社内への浸透・定着に向けた施策案をまとめ，
重要度や実行可能性といった点から整理に取り掛かりますが，その方法として
は前に紹介した「施策案の必要（重要）性と着手（実行）可能性の整理」
（図表5-10）を利用することができます。

　こうして，ワークショップのアウトプットとしての行動指針案と浸透・定着
に向けた施策をトップマネジメントに報告し，どう対応するかについて判断を
仰ぎます。

　ここで紹介した事例は全3回のワークショップを想定しましたが，それ以上
多くなるとメンバーの時間的な負担が大きくなり，「まだやるのか」といった

ような否定的な意見も出かねません。そうしたことからメンバーの業務を考慮して2回で実施することもありますし，場合によっては1回で集中的に実施する場合もあります。

　インターナル・ブランディングにおけるワークショップの実際の進め方についてより具体的にイメージできるよう，第6章では行動指針策定をアウトプットとして実際に行ったワークショップの事例を取り上げて，その進め方や行動指針策定の手順等について詳しく説明します。

「行動化」をどう考え，どう取り組むか

　インターナル・ブランディングの「見える化」「自分ゴト化」のステップについて見てきましたが，最後は「行動化」のステップです。

　3つの基本ステップで説明しましたが，「行動化」のステップのポイントは，ブランドに対する社員の認識を高め，共感・納得を得ることで「ブランドの'考え方'」に基づく行動（＝ブランドらしい行動）が，日常的に継続的に行われるようにすることです。また，ブランドを意識しないとしても，「ブランドの'考え方'」に込められた価値観が企業風土として根づくようにすることです。したがって「行動化」を推進するにあたっては社員だけでなく，トップマネジメントのコミットメントや経営側の努力も必要になります。経営側としては，社員が顧客価値や働き方に対する認識や意識を変えることができるよう，次のことに検討し実施できるように努めることが重要です。

- 社員の行動意識を刺激する施策を実施する。
- 具体的な施策を習慣化あるいは制度化する。
- ブランドらしい行動を実践できる業務環境や職場環境を整備する。

　「行動化」のステップでは，「ブランドの'考え方'」の浸透・定着に向けた施策を継続しながら，社員の意識変革とそれによる企業体質の改善や強化に重点が置かれます。多くの企業がすでにその実践に向けた施策に取り組んでいると思いますが，インターナル・ブランディングでは，ブランドを切り口とするこ

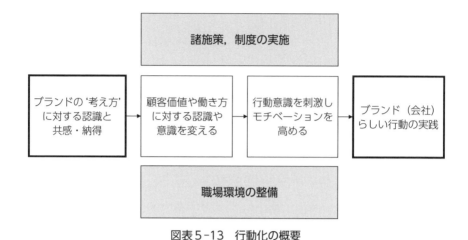

図表5-13　行動化の概要

とでその取り組みをより効率的に実践することができます。

「行動化」のステップで経営側が検討すべきテーマとしては，「唱和」「現状調査」「情報発信」「社内活動」「教育」「制度化」等が挙げられます。図表5-14には各テーマにおいて取り組みがよく見られる施策例を挙げていますので参考にして下さい。これらは「自分ゴト化」のステップで検討し取り組むものもありますが，「行動化」のステップでより具体的に実施するものです。何をどのように，どう実施するかは企業によって異なりますし，トップマネジメントがインターナル・ブランディングにどの程度コミットするかによっても変わってきます。

実際には企業の置かれた環境やインターナル・ブランディングへの注力度合いによって様々な施策が実施されていますが，図表5-14で挙げた検討テーマと取り組み事項について簡単に説明しておきましょう。

唱和

「唱和」は「ブランドプロミス」等のブランドの「約束」や，それに基づく新たな「行動指針」（策定した場合）等を，朝礼や社員が集まる様々な機会や場面で社員が唱和することを慣例化するものです。その実施については全社共

テーマ	検討事項	内容
唱和	唱和	「ブランドプロミス」や「行動指針」等の唱和を全社あるいは部署ごとに慣習化する。
現状調査	社員調査	自社ブランドに関する認知度，理解度，浸透度等について適宜調査する。
現状調査	従業員ヒアリング	従業員を選出し，ブランドを切り口に業務の現状や改善等についてヒアリングを実施する。
現状調査	顧客調査	顧客（CS）調査を実施し，併せてブランドの視点を踏まえた評価を行ってもらう。
情報発信	事例紹介	「ブランドの'考え方'」に適した具体的な良い活動事例，あるいは適さない不適切事例を適宜発表し，模倣すべき行動，してはならない行動への気づきを与える。
情報発信	トップからの情報発信	トップが自社の「ブランドの'考え方'」等について情報発信する（ツールの活用あるいは場の設定によって社員に向けて語り掛ける）。
社内活動	トップの活動	トップと現場従業員が語り合える座談会等を適宜設定する。
社内活動	社員参画活動	ブランドを切り口に社員が直接的あるいは間接的に参画する社内活動を実施する。
教育	社内研修	新人研修，管理職研修等においてブランドの「約束」を説明し，理解の徹底を図る。
教育	Eラーニング	自社ブランドの視点から業務改善に結びつくEラーニングを実施する。
制度化	表彰制度	「ブランドの'考え方'」に基づく活動で会社の評価やブランド価値向上に貢献した部署や社員を表彰する。
制度化	評価制度	・自己評価　　：「ブランドの'考え方'」に基づく行動ができているかを自分で評価する。 ・会社の評価：「ブランドの'考え方'」を業務活動と連動した評価基準に盛り込む。 ・顧客の評価：「ブランドの'考え方'」に基づく行動ができているか顧客に評価してもらう。

図表5-14　「行動化」のステップにおける検討テーマと事項の事例

通とする場合があれば，部署ごとの判断に委ねられる場合もあります。企業／経営理念や社是等の唱和を慣例化している企業はありますが，単に新しい唱和項目が増えたと認識されないよう「ブランドプロミス」等を唱和する理由を事前に説明するとともに，唱和の仕方やタイミングを整理しておく必要があります。企業／経営理念等の唱和を慣例化している企業でも，最近では様々な理由からそれをやめる企業もあります。したがって，「ブランドプロミス」等の唱

和を新たに追加するかどうかは企業の考え方や状況に応じて判断しなければなりません。

現状調査

　社員に対する「意識調査」や顧客に対する「CS調査」をすでに実施している企業はありますが，自社のブランドに対する関心を高め「ブランドの'考え方'」の認識を高めるために，社員に対する定量的あるいは定性的なブランド調査を実施します。質問項目としては，例えば，自社ブランドに対するイメージや愛着，誇り，自信，信頼，期待等の他，「ブランドの'考え方'」に対する理解度や共感度を確認する項目等が挙げられます。また，ブランド調査と関連づけて，業務の現状や改善すべき点等に関する定量調査や記述式の定性調査を実施することもできます。さらに，顧客をはじめとする外部のステークホルダーの自社ブランドに対するイメージ，自社の事業活動やサービス等に対する評価といった調査を同時に実施することも考えられます。

情報発信

　自社ブランドに対する理解を深め共感を得るためにも，ブランディングに関する情報を発信することが重要です。自社の「ブランドの'考え方'」についての説明を聞いたり「ブランドプロミス」等を目にすれば社員は頭では理解できるかもしれませんが，自分のこととしてすぐには実感しにくいものです。そこで，社員が「こういうことをすればいいのか」といったことに気づいたり，「こんなことが行われるようになった」と認識できるよう，ブランディングと関わる具体的な活動事例を社内報やイントラ等で適宜発信し共有できるようにすることは有効な手段です。

　また，トップがブランディングにコミットしていることを示すために，自らが自社の「ブランドの'考え方'」に対する思いなどを社員に語り掛けることも大切です。トップからの情報発信は，通常，社内報やイントラネット等において文字情報として発信されますが，最近では動画メッセージとして発信することが増えています。

社内活動

　社内活動は「トップの活動」と「社員参画活動」に分けて考えることができます。トップの活動は，トップの情報発信と相俟ってトップと社員が意見交換したり，場合によっては座談会のようにひざを交えて語り合える機会を設定するというものです。また，「社員参画活動」は，社員のモチベーションアップ，意識改革や社内風土の変革に向けて社員が直接的あるいは間接的に参画できる活動を継続的に実施します。例えば，活性化に向けたアイデアを募ったり，スローガンを募集するといったことが挙げられますし，もっと中長期的な施策も考えられます。ブランドの認知や共感を高める社内のムーブメント（流れや動き）をつくる施策を考えなければなりませんが，インターナル・ブランディングに取り組む企業では，自社の状況に応じて創意工夫を凝らした様々な施策や活動が展開されています。

　社内活動に対する社員の認識を高めるために，インターナル・ブランディングで実施する様々な活動を包括する名前をつけて情報発信することも有効です。「○○プロジェクト」「△△運動」「※※活動」等，社内活動に独自の名前をつけたりスローガンを発信すれば，社員は実施される個々の施策や活動が，ブランディングというひとつの活動の中で実施されていることを認識できるようになりますし関心を高めることもできます。さらに，それらの名前に基づくマーク等をデザインして表示するようにすれば，より効率的に社員の認知を高めることができます。一方，「スピードアップ運動」（顧客への迅速な対応を意識づけるため）や「あいさつ運動」（社員同士の挨拶励行を意識づけるため），あるいは「接客品質強化月間」等，すでに実施されている社内活動をインターナル・ブランディングとひもづけて実施することもできます。

教育

　「教育」では，新人研修や管理職研修等，様々な研修の場を利用して自社の「ブランドの‘考え方’」に関する研修を実施します。Ｅラーニングのシステムが社内に構築されていれば，それを活用して自社ブランドらしい行動，自社ブ

ランドらしくない行動等についての学習をすることもできます。また，ブランドブックやカードに掲載されている内容を昇格試験等に組み込んでいる企業もあります。

制度化

　インターナル・ブランディングを推進するための施策を社内制度化するものです。例えば，「ブランドの'考え方'」に基づく活動で何らかの成果を上げた社員や部署を表彰する制度はそのひとつです。社長表彰制度をすでに設けている企業はありますが，その多くは売上や新規開拓数等，数値で判断できる成果あるいは新商品開発等に対するものです。インターナル・ブランディングでは顧客価値という視点から，そうした表彰とは別に，例えば「ブランド表彰」等と銘打って，「ブランドの'考え方'」に基づく活動で会社あるいは社会に貢献した社員や部署を表彰するといったことが考えられます。

　一方，人事考課と連動した評価査定にブランドを組み込んで制度化するということも考えられます。これは「ブランドの'考え方'」に基づく評価項目を設定し，例えば「自己評価（評価項目に則した行動ができているかを自分で評価する）」「会社評価（評価項目に則した行動ができているかを上司や経営が評価する）」「顧客評価（評価項目に基づく行動ができているかを顧客に評価してもらう）といった視点で評価するというものです。これらはインターナル・ブランディングの「行動化」における制度化ですが，人事部が中心となって導入を検討し実施するかどうかを判断することになります。

　以上，「行動化」のステップで考えられる施策や活動の例を挙げましたが，これらはすべて経営側からインターナル・ブランディングを推進するものであり，どの施策も経営側のコミットメントが必要となります。

　このような「行動化」の施策を実施しても，それがブランドと直接関連のあることと社員に認識されないかもしれません。しかし，そうした施策を継続的に実践することで社内が変わってきたと社員が実感できるようになれば，それはインターナル・ブランディングの大きな成果です。

　大切なのは「ブランドの'考え方'」を拠り所として経営側と社員が一体となって行動し続けることです。それが企業体質の改善・強化や組織の活性化，あるいは社員意識の変革，そしてブランド・アイデンティティの確立やブランド価値の向上といった最終目的につながっていくのです。

トップの意向の社内浸透に関する問題点

　インターナル・ブランディングにおける「見える化」「自分ゴト化」「行動化」の各ステップについて説明しながら，それぞれのステップで検討すべきツールや施策の事例を紹介してきました。

　前の段落の最後で「経営側と社員が一体となって行動し続けること」が大切と説明しましたが，そのためにはトップと社員の円滑なコミュニケーションが必要です。しかし，それが円滑に行われていない，あるいは危惧する声を聞くことがあります。そこで，少し視点を変えて，経営や事業部のトップ（以下，単に「トップ」と表記）の意向の伝達や社内浸透について触れておきたいと思います。

　トップの意向は，インターナル・ブランディングとは直接関係がないように思えるかもしれませんが，トップとしての考えや企業の方向性を明確にして「見える化」し，社内に伝え浸透させ「自分ゴト化」して「行動化」を実現するという意味では，インターナル・ブランディングと関連づけて考えることができます。

　私は仕事柄，トップとお会いし今後の方針や意向等を伺うことがよくあるのですが，その中で「社員に対し経営者としての自分の考えや企業としての方向性，あるいは自社らしさについて語り伝えているつもりなのだが，なかなか浸透しない」という声や，「自分が言ったことは，社員に伝わり理解されているのだろうか」といった言葉を聞くことがあります。

　こうした中，ある企業のコーポレートブランディングに携わった際，トップと社員の捉え方が異なっていると実感したことがありました。その企業のトップは「経営者としての意向や方針は伝えている」と語る一方，社員からは

「トップは何を考え，会社としてどの方向に向かおうとしているかよく分からない」という声を聞いたり，社員調査でそういった結果を見ることがありました。

　本来，社員はトップが意向を示したならば，共感・納得するかどうかに関係なく，それに従い，求められる行動を実施しなければなりません。トップは，社員が自分の意向に沿った行動を日常的に実践することを期待するものです。

　しかし，トップから先程のような言葉を耳にするということは，社員の言動や業務活動等が自分の意向に沿ったものではないと感じるところがあるからなのでしょう。トップと社員のコミュニケーションギャップには，「①トップと社員のコミュニケーションプロセスで生じるギャップ」と「②組織の階層レベルで生じるギャップ」が考えられます。それぞれについてその要因を考察してみましょう。

　以下で言及する「トップ」は「経営トップ」を想定していますが，事業部トップ（事業部責任者)」を当てはめて考えることもできます。

① トップと社員のコミュニケーションプロセスで生じるギャップ

　トップが経営者としての意向を社内に発信してから，それが社員の日常的な行動に至るまでには，「認知」「理解」「納得」「行動」というコミュニケーションプロセス（図表 5-15）を経て「日常化」につながっていくと考えられますが，このプロセスはインターナル・ブランディングと基本的に同じです。

　「認知」とは，トップが発信した意向や方針等を社員が知ることです。「理

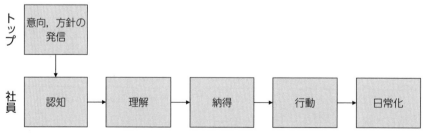

図表 5-15　トップの発信と社員の日常化までのコミュニケーションプロセス

解」はただ知るだけでなく，トップが発信した内容を理解することですし，「納得」はそれを受け入れ「行動しなければならない」と思うことです。こうして社員が日々の業務の中でトップの意向を認識し行動するようになりますが，それが継続的に実践されるようになれば，トップの意向は社員の行動に反映されて日常化します。しかし，それがなかなか実現されにくいということが起こっているのです。

　図表5-16は，図表5-15の各プロセスにおいて起こり得るギャップの要因を示したものです。

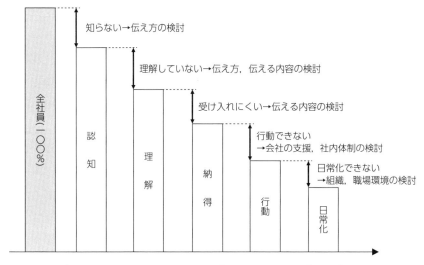

図表5-16　コミュニケーションプロセスにおけるギャップの要因

　トップは経営者としての意向や方針を全社員に向けて発信し，社員はそれを直接的あるいは何らかの手段を通じて認知します。しかし，中には発信していることを知らない社員がいたりします（あってはならないことですが）。ここで最初のギャップが生じます。この場合，伝え方，特にコミュニケーションの方法や手段が適切でないことが考えられ，その実情を把握して見直しを検討することが必要となります。

　次に，トップの意向を認知したとしても，その内容を理解していない社員は必ずいるものです。「社長が何か言っていることは知っているが，何が言いたいのか，どうしたいのかがよく分からない」といったように理解されていないことがあります。トップにとっては当たり前のことでも，社員にとっては難しいことはあり得ます。したがって，この場合は伝える方法や手段だけでなく，伝える内容や伝え方，あるいは用いる言葉等に注意する必要がありますし，全社員を対象とするのか，管理職を対象にするのかといったように，コミュニケーションする社員のレベルを考慮することも必要です。特に全社方針に関する場合はそう言えるでしょう。

　また，トップの意向を理解している社員すべてが，その内容を受け入れて納得しているわけでありません。「社長の言うことは分かるのだが…」と捉えられるような場合がありえます。実行することが難しい現状であったり，現実的ではないと感じてしまうような内容の場合です。例えば，「働き方を変えて残業を減らしてほしい」といった意向はその分かりやすい例かもしれません。

　トップの意向に納得すれば，多くの社員は自発的に行動しようとしますが，行動したくても会社の支援がなかったり，社内体制や職場環境が整っていないためにできないことがあります。

　トップの意向に従って「働き方を変えて残業を減らす」ことに取り組んだとしても，それができる環境が整備されていないために継続的に実践できず，いつの間にか元に戻ってしまうことになります。また「風通しの良い企業風土をつくろう」という意向を出したとしても，組織のヒエラルキーが堅固なために自由に意見を言える雰囲気がなかったり，部署内あるいは部署の垣根を越えて意見を交換できる機会や環境がないといったことも考えられます。

　自分の意向や方針がなかなか社内に浸透しないと感じるならば，まずはトップが人的パワー，技術力，資金，組織や社内風土といった，自社の置かれた現状を把握するよう努めなければなりません。そして図表5-16の「コミュニケーションプロセスにおけるギャップの要因」を検討し，自らが旗振り役となって，社内体制の整備や組織の在り方を含めた適切な対応施策を実施することが必要です。それはトップが推進すべき社内改革でもあります。

② 組織の階層レベルで生じるギャップ

　トップと社員のコミュニケーションには，大きくは「トップ（マネジメント）」「中間管理職（ミドルマネジメント）」「一般社員」という3つの階層が関与します。それぞれの立場でギャップの要因を考察してみましょう。

トップ：何をどう伝えているか

　トップは何をどう伝えているかについて認識しておかなければなりません。コミュニケーション能力に長けていようといまいと，自分の思いや企業の方向性についての経営者としての意向を明確にし，信念をもって社内に伝えるよう努めなければなりません。当たり前のことのように思えるかもしれませんが，案外それをしていないトップはいるものです。意向を明確にしなければ社員に伝わるはずがありません。

　一方，そうした意向を，熱意をもって雄弁に語るトップもいます。雄弁ではなくても，きちんと語ることが必要です。しかし，語る内容が多すぎるために，社員にとっては結局何が言いたいのか分かりにくいということもあります。たくさんの言葉で語るのではなく，本当に伝えたいことをできるだけ絞って簡潔に語ることが大切です。

　さらに，トップとしての意向を，一貫性をもって繰り返し伝えることも重要です。社員が「また同じことを言っている」と思ったとしても，何度も繰り返していると徐々に社内に浸透していくものですし，「社長の言いたいことはこういうことか」と理解する社員が確実に増えてくるはずです。できれば意向を象徴的に表現するキーワードやキーフレーズ等があれば，より効果的に社内浸透の推進を図ることができるようになります。

中間管理職：トップの意向をどう受け止め，解釈して部下に伝えているか

　中間管理職は，現場の仕事に携わりながらも一般社員よりもトップに近い目線で事業を把握し指示を出す立場の人であり，トップの意向を現場の管理者や一般社員に伝えます。つまり，トップと一般社員の橋渡しをする役割があります。

　しかし，トップの意向が末端社員まで伝わりにくい要因のひとつとして，中間管理職で止まっているということがあります。中間管理職は，トップと社員のコミュニケーションにおいて重要な役割を果たすのですが，トップの意向をどう受け止め解釈するかによって一般社員への伝わり方が変わってきます。

　例えば，「伝えると部下が混乱する等の理由から伝えない方が良い」と判断し，伝えないということがあります。また，「忙しくてきちんと伝えられない」とか「内容が多すぎて的確に伝えられない」ということも考えられますし，「自分なりに解釈して伝え」たり「誤った解釈をして伝えてしまう」ということもありえます。トップが自分の意向を，中間管理職を通じて発信する場合，このようなことがあることも想定しておかなければならないでしょう。中間管理職にきちんと説明し理解・共感を得るように努めることが重要です。

一般社員：トップの意向をどう受け止め，理解しているか

　一般社員の受け止め方や解釈の仕方もコミュニケーションギャップの大きな要因のひとつです。しかし一般社員がどう受け止め，どう理解しているかを把握することはなかなか難しいことです。社員調査を通じて認知度や理解度，あるいは納得度等をある程度把握することはできるかもしれませんが，トップの意向どおり受け止めているかどうかは分かりません。とはいえ，社員意識調査は有効な手立てのひとつです。また，トップが示した内容や方針等の理解・浸

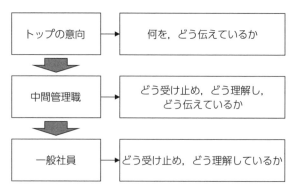

図表5-17　トップと社員のコミュニケーションにおける確認点

透についてKPI（Key Performance Indicator／実践評価指標）やKGI（Key Goal Indicator／目標達成指標）等の定量指標を設定し，社内全体の状況や成果を把握することも考えられます。さらに，評価制度と連動させて意向に則した行動を促すという手段が考えられます。

　トップの意向が，社員に伝わっているかどうかを的確に把握することは容易ではないとしても，コミュニケーションという視点においては，分かりやすく簡潔に伝えることが大切であり，何度も繰り返し語り掛けることが必要です。

　第1章で，常盤文克氏の言葉を紹介しましたが，インターナル・ブランディングにおいてトップは，ビジョンや方向性等を明確に掲げて社内に発信するだけでなく，社員とのコミュニケーションをとらなければなりません。また社内における意思疎通ができる環境作りも必要です。その中で社員はトップの意向を理解し，自分が何をすべきかを認識（自分ゴト化）できるようになります。それが社員の行動化を促し社内活性化につながっていくのです。

第 6 章

インターナル・ブランディング
の実践事例

　これまではインターナル・ブランディングとは何かを理解するために，それと密接に関わるいくつかのテーマを取り上げて理論的な視点から包括的に説明してきました。本章ではより実践的な視点から2つのインターナル・ブランディングの事例を取り上げ，その具体的な取り組みを紹介します。

≪実践事例1≫　ワークショップで行動指針と顧客への約束を策定したABC
　　　　　　　社の事例
≪実践事例2≫　新ビジョンと行動指針の社内浸透を推進するXYZ社の事例

　異なる2つの企業の事例ですが，行動指針を策定するワークショップの進め方と策定までの手順，そしてビジョンや行動指針を策定した後の浸透に向けた具体的な活動の概要をイメージしてもらえるかと思います。
　なお，本章で紹介する事例は，実際に行われたインターナル・ブランディングをベースにしていますが，ワークショップのプログラム（時間割）や議論内容，その中で使用した資料，そして発表された内容等については，逐次，加筆修正しています。

≪実践事例１≫
ワークショップで行動指針と顧客への約束を策定したABC社の事例

　「実践事例１」はインターナル・ブランディングの一環としてワークショップを実施し，その中で行動指針等を策定したABC社の事例です。行動指針の策定を目的としたワークショップの具体的な進め方と，その中で策定された「行動指針」及び「お客様への約束」の手順を紹介します。

「実践事例１」におけるブランディングの前提

　株式会社ABC（売上高約550億円，社員数約600人，以下「ABC社」と表記）は，B to B企業を中心に金融関連商品の販売を中核事業とし，それに関連する様々なサービスを提供する企業です。コーポレートブランド名は社名と同じ「ABC」です。

　ABC社が販売する商品は同業他社でも取り扱うことができ，商品そのもので明確な差別化はできません。従来の事業モデルでは今後の成長や発展が望めないと危惧した同社は，これからの事業環境変化に適応していくために，自社の再定義とリポジショニングが必要であると判断しました。そこで同社は，ブランドの視点から自社のアイデンティティの再構築（＝'らしさ'づくり）に取り組みました。

　同社のブランディングでは事業環境分析とトップマネジメントのヒアリングを実施し，事業ビジョンと事業計画に基づいてABCの「ブランドの'考え方'」をトップマネジメントレベルで明確化。それに基づき，以下の内容を主な構成要素とする宣言文を開発し「ABCブランドビジョン」として社内外に表明しています。

- ABCの目指す姿：お客様に寄り添うソリューションパートナー
- ABCのコアコンピタンス：情報力，対応力，人材力

・ABCのミッション：お客様のニーズに最適なソリューションを提供する

「ABCブランドビジョン」を表明する以上，社員がその内容を理解しなければなりません。そこで同社はインターナル・ブランディングでトップと社員が一緒になって「ABCブランドビジョン」の浸透と社内活性化に取り組みました。また，同社には行動指針がなかったので，その中で「ABC社の行動指針」をアウトプットするワークショップを開催することになりました。さらに，ABC社の強みやこだわりを社内外に訴求するとともに社員の意識変革を図るために，「顧客に訴求すべきキーワード」を抽出して「お客様への約束」を策定することもアウトプットのひとつとしています。

ワークショップの開催に向けて

【ワークショップの実施概要】

- 参加人数：22人
- グループ数：4（1グループ4～5人）
- 開催頻度：2回
- 時　　　間：4時間／回
- 期　　　間：1ヵ月半
- アウトプット：
  「ABCブランドビジョン」に基づく「行動指針」
  「お客様への約束」
- 事務局：経営企画部スタッフと外部アドバイザー

事前準備

ワークショップを効率的に実施できるよう，ABC社では以下のことを事前に検討し準備に取り掛かりました。
① グループ分けとリーダーの決定
② 会場のレイアウトと機材の準備
③ 配布資料（「ABCブランドビジョン」及び議論する内容が記載されたシー

ト）の準備

① グループ分けとリーダーの決定

　グループ分けは事前準備で最も大切な作業です。グループの中に中堅層と若手層の混成にするのか，中堅グループと若手グループを分けるのか，また異なる部署のメンバーの混成とするのか，同じ部署でグループを編成するかといったことを検討し，グループごとのメンバーを確定しておかなければなりません。いずれにせよ，活発な議論をしやすいグループ編成とすることがポイントです。私の経験上，年代，役職，部署の異なるメンバーによる編成としたほうが，グループメンバーが属性による違いをそれぞれに認識することができ，多様な意見が出るように思います。

　ABC社のワークショップでは，営業部門，企画部門，IT部門，管理部門等に属するメンバーを各グループに振り分け，その中の管理職をリーダーとして選定しています。メンバーの振り分けにあたっては，人数の都合上ひとつのグループに同じ部署や職種が多くなったりするのは仕方ありません。

② 会場のレイアウトと機材の準備

　会場は社内にある広めの会議室で，3人掛けの長テーブルを2つ向かい合わせに組み合わせた4つの‘島’をつくりました。各グループの作業が，他のグループの作業に干渉し合わないよう，島と島の間に適切な間隔を取っておかなければなりません。各グループの‘島’の横にホワイトボードを設置し，水性ペン（黒，赤，青）を設置するとともに，各テーブルにポストイット，A3のペーパーを複数枚準備。さらに，パワーポイントを使った発表形式としたので各テーブルにパソコンを用意する一方（持ち込みはOK），会場中央にプロジェクターを設置し，図表6-1のようなレイアウトイメージにしています。

③ 配布資料（「ブランドプロミス」及び議論する内容が記載されたシート）の準備

　資料は事前配布でも，当日配布でもかまいません。ワークショップで議論する内容が記載されたシートは事前に配布し，目を通してもらっておいてもかまいませんが，課題がある場合は事前に配布しておいたほうがいいでしょう。しかし，「ABCブランドビジョン」はこの段階ではまだ社内に周知されたもので

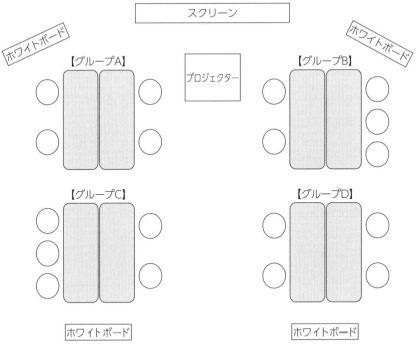

図表6-1　ABC社のワークショップ会場レイアウトイメージ

はありませんし，説明が必要なので当日配布とし，それ以外は事前の配布です。

【留意点】

　企業では様々な研修やワークショップが実施されますが，行動指針の策定を目的とするワークショップはほとんどないでしょうし，社員もそうした機会に携わることはあまりないと思います。したがって，参加者がワークショップの目的，議論するべきこと，行動指針とは何か等についてきちんと説明し理解できるようにすることが大切です。また，参加者は業務の合間をぬって参加するので，開始と終了の時間をできる限り守る必要があります。さらに，議論しやすい雰囲気づくりも大切で，そのために可能であればお菓子や飲み物等を準備しておいてもいいかもしれません。

　休憩時間を取ることも大事ですが，このワークショップでは議論の進行状況

に応じてグループの判断で適宜休憩を取るようにしました。

第1回ワークショップ

　こうして第1回ワークショップの開催です。当日は下記のプログラムに基づいて議事を進めています。

第1回ワークショップのプログラム（時間割）

- 13：00～13：15（15分）
  トップマネジメントからの挨拶
  ワークショップの目的と進め方の説明
  【セッションⅠ】
- 13：15～14：15（60分）
  自社の強み，改善点についての議論とまとめ
- 14：15～15：00（45分）
  発表と質疑応答　※各グループ10分程度（4グループ）
  【セッションⅡ】
- 15：00～16：10（70分）
  自社の行動指針の議論
- 16：10～16：50（40分）
  行動指針案の発表　※各グループ10分程度（4グループ）
- 16：50～17：00（10分）
  総括と次回の内容の説明

　ワークショップの開始にあたり「トップマネジメントからの挨拶」とありますが，ABC社では担当役員が「ABCブランドビジョン」を新たに導入したことと，そこに込めた思い，そしてワークショップの意義と期待すること等について参加者に話しました。トップマネジメントが参加して挨拶することが難しい場合もありますが，トップマネジメントがコミットしていることを参加者に

認識してもらうことは，ワークショップを効果的に進める上で重要です。トップマネジメントが難しければ，責任を持つ役職者の挨拶でもかまいません。

　次に，事務局がプロジェクターを使って上記の内容を本日のプログラムとして提示し，「ワークショップの目的」を説明しました。

【ワークショップの目的】

　これからのABC社（ABCブランド）がお客様に信頼され選ばれる会社（ブランド）となるために，どういう視点で何に取り組むべきか。

　本ワークショップではこれからのABC社（ABCブランド）の目指す姿を認識し，行動の判断基準となる指針を策定するとともに，お客様に訴求すべきキーワードを抽出します。

　目的を説明した後，このワークショップでアウトプットする行動指針案や施策案は事務局からトップマネジメントに報告して今後の対応を検討してもらうことを参加者に伝えていました。そうすることで，このワークショップが単なる研修ではないことを参加者が認識できるようにしています。次に，以下のスライドを使って行動指針とは何か，そして行動指針策定の要点についての説明です。

【行動指針とは何か／行動指針策定の要点】

　行動指針とはABC社らしい業務活動を実践するための判断基準あるいは指針となるもの

- 日常業務の心掛けとして機能させることができる。
- 日常業務に照らし合わせて考えることができる。
- 業務の質を高める行動の拠り所となる。
- 具体的に行動することができる。

　※「お客様の夢や幸せを実現する」といった抽象度の高い内容は避ける。

※「最高の」等，日常業務で実施しにくい内容は避ける。

　このように説明しても，まだ行動指針がどういうものかイメージしくいことを想定し，他社の事例をいくつか紹介しています。

【セッションⅠ】

　開始にあたっては，次に示す「セッションⅠでの議論内容」をプロジェクターで表示。プログラムに沿って14時15分を目途にグループで課題について議論してまとめた後，１グループ10分程度で議論内容を発表するように説明しています。

【セッションⅠでの議論内容】
① ABC社の社内的及び社外的な「強み」及び「改善すべき点」について議論する。
② 現在のABC社とブランドビジョンに基づく「目指す姿」との違いを議論する。
③ 「目指す姿」を実現するために「やめるべき／変えるべきこと」と「やるべきこと」を議論する。

　この議論にあたっては事前に次に示す図表6-2，6-3のファイルデータを参加者にメール添付して配布しています。事前配布資料をパワーポイントで作成したものにしておけばダウンロードした資料に議論内容を直接入力できるので，その後の発表がしやすくなるだけでなく，ワークショップ終了後に各グループから入力データを集めることで，事務局がまとめや整理をしやすくなります。パワーポイントを使い慣れない職場もあるので，ワードやエクセルで同じ仕様の資料を準備することも事前に考慮しておいたほうが良い場合もあります。各グループでパソコンが準備できないときは，ホワイトボードや模造紙等に議論内容を記入し発表するというやり方も考えられます。

セッションⅠ		
	社内	社外的（顧客に対する）
強み	ABC社の社内的な強み	顧客価値を提供するために ABC社が持つ社外的な強み
改善点	ABC社が社内的に改善すべき点	顧客価値を提供するために ABC社が改善すべき点

図表6-2　＜第1回＞セッションⅠ―事前配布資料①

　提示した議論内容に基づいて各グループで議論が始まるわけですが，議論に時間をかけすぎたり，意見がまとまらなかったりして発表のための入力や記入のまとめができないことがないよう，事務局はタイムキープすることが大切です。ABC社のワークショップでは，議論とまとめに60分を割り当てており，終了15分ぐらい前には発表のまとめに取り掛かるよう促し，終了まで10分，5分であることを通告しています。

　終了時間となったときも，もう少し時間が必要かどうかを各グループに確認し，必要であれば今後の進行を考慮して調整できるようにしておくことも大切です。

　こうして，議論してまとめた内容を各グループから発表することになります。このワークショップでは，質疑応答を含めて1グループ10分程度の発表時間を割り当てました。事務局はグループの発表時間が超過しないよう気をつけ，発表が早く終わりそうな場合はその後の進め方も含めて時間を調整する等，臨機応変に対応できるようにしておかなければなりません。

	やめるべき／変えるべきと思うこと	今後やるべきと思うこと
すぐに取り組める		
すぐには取り組めない		

セッションⅠ

現在のABC社と「目指す企業像」との違いについて端的にまとめて下さい。

図表6-3　＜第1回＞セッションⅠ―事前配布資料②

【セッションⅡ】

　続いてセッションⅡに移ります。スクリーンに以下の「議論内容」を投影し，約70分で議論してまとめ，その後，セッションⅠと同様にグループごとにまとめた内容を発表することを説明します。

【セッションⅡでの議論内容】

①　お客様に信頼されるABC社となるために，常日頃，どういうことを心掛けて業務に当たるべきか。業務活動において指針とすべきと思うことについて議論しまとめる。

②　これからのABC社の強みやこだわりとして社内外に明示すべきと思うキーワードと，①の内容に基づきABC社としての「行動指針」案について議論しまとめる。

　セッションⅠで，参加メンバーはそれぞれの現状に照らし合わせ，会社の視点で考えることができるようになっているはずですので，それをもとにこれから自分たちはどのように行動すべきか，そのために何を指針としたらいいかについて考えてもらいます。

　行動指針案を最終的なアウトプットのひとつとして設定していますが，いきなり行動指針案を考えるのは，やはり難しいことです。したがって，まず顧客から「信頼されるために，個人として何を心掛けどう行動すべきか」を議論することで自分の立場で考えられるようにし，その次に「会社として何をし，どう行動すべきか」を議論するようにしました。それがしっかりできていれば行動指針に結びつく案を出しやすくなるからです。

　セッションⅡでは2つのテーマを設定しているわけですが，70分という時間は少し短いように思えるかもしれません。しかし，事前に資料を配布し前もって考えを個々にイメージしておいてもらえれば，この課題をこなせる時間であると考えられます。実際，後で紹介するようなアウトプットが時間内で発表されていますし，ほとんどのワークショップではこれぐらいの時間で行動指針案にまとめ，発表することができています。ただし，この段階で発表される案はとりあえずつくってみたというレベルでかまいません。

　第1回目のワークショップでは，ABC社の参加者が「ABCブランドビジョン」を認知してその意味や今後の方向性を確認すること，そして行動指針とは何かを理解し自社の行動指針を自分たちで考える体験をすることが目的ですの

セッションⅡ

お客様に信頼されるABC社となるために，常日頃，どういうことを心掛けて業務に当たるべきと思いますか。業務活動において指針とすべきと思うことを箇条書きで端的に記入して下さい（個人，会社とも共通する場合は「会社として」に記入して下さい）。

社員個人として	会社として

図表6-4　＜第1回＞セッションⅡ―事前配布資料③

で，議論が不十分であってもかまわないのです。

　なお，セッションⅡでは議論と発表に向け，図表6-4，6-5の2種類の資料を事前に配布しています。

≪セッションⅡでの発表内容≫

　こうして2つのセッションを実施したわけですが，セッションⅡのひとつ目の課題では，事前配布資料（図表6-4）にあるように，「社員個人として」という個人レベルと，「会社として」という企業レベルでの記入欄を設けています。これは，先述したように，いきなり企業視点での行動とすると参加者がイメージしにくいかもしれませんし，顧客から信頼されるために「自分ならこう行動する」とした方が考えやすいからです。こうすることで個人レベルと企業レベルの指針を区別して考えることができるようになりますし，社内向けの指針とすべきか，顧客（社外）を意識した指針なのかを考えることもできるよう

セッションⅡ

これからのABC社の強みやこだわりとして社内外に明示すべきと思うキーワードを上げて下さい。また前のスライドで記入した内容を整理し，ABC社の「行動指針」案を箇条書きで記入して下さい。

キーワード	行動指針案

図表6-5　＜第1回＞セッションⅡ—事前配布資料④

になります。さらに，最終的に企業レベルの行動指針が策定されるとしても，それは個人レベルでも機能させられるものにしなければならないと認識できるようにもなります。

　第1回のワークショップでは，図表6-6に示したような内容が発表されています。どちらのレベルでも基本的で当たり前なことが記述されていますが，よく見ると言葉や表現は違っていても，その内容は大体同じようなものとなっていることが分かります。

　個人レベルでは，「誠実」「クイック（スピーディ）な対応」「お客さんをよく知る」「情報感度を高める」といったことが共通していますし，企業レベルだと「コンプライアンス（法令遵守）」「社員を大切にする」「職場環境の整備」「教育体制」等が挙げられており，個人と会社で区別して考えられていることが分かります。

　セッションⅡのひとつ目の課題で「顧客に信頼される」ための心掛けを個人

	社員個人として	会社として
グループ①	・お客様のことをちゃんと知る（業界とお客様の情報を収集） ・お客様から「任せれば安心」と頼られる人となる ・心配りを忘れない ・案件の大きさにこだわらず，平等に対応する ・営業としての心得 訪問時間（対面時間）を長く，お客様との雑談を増やし，何でも話してもらえる仲になる。聞く，クイックレスポンス，アンテナを張る・情報収集を怠らない，誠実である	・初回訪問のためのヒアリング項目を準備する ・営業スキルが社員ごとに異ならないためのマニュアル作成 ・情報のメンテナンス（システム） →掲示板の情報が古すぎる →最新の資料・情報が整えられていない 例）ニーズ喚起資料や告知書
グループ②	・誠実に対応する ・スピーディな対応をする ・自己研鑽（社会情勢の変化に対応するなど知識の習得を惜しまない） ・お客様を知ることを心掛ける ・組織力を最大限活かすために他部署他分野に興味を持つ	・教育体制を整える（研修会など） ・法令遵守 ・社員が生き生きと働き続ける環境づくり
グループ③	・商品知識を身につける ・お客様の意向を把握する ・お客様を知る ・情報通になる ・あいさつの励行 ・クイックレスポンス	・お客様に安心・安全を提供 ・社員を大切にする ・長期的スパンで計画立案する ・コンプライアンス遵守
グループ④	・明るく，元気，笑顔 ・お客様の声をよく聞く ・アンテナを高くする（情報収集） ・接点頻度高くし，お客様が何を思っているか理解する ・サボらない ・疑問を持つ ・専門知識を習得	・他部署との連携強化 ・クイックレスポンス ・組織として定時帰りをつくる（エネルギー配分・生産性）

図表6-6　＜第1回＞セッションⅡで各チームから発表された内容

　レベルと会社レベルで考えた後は，それをベースとして社内で共有すべき象徴的なキーワードと具体的な行動指針の案出です。ここで出すキーワードは行動指針案を考える際に，その指針案が何について言及しているのかを認識するために挙げますが，最終アウトプットのひとつである「顧客に訴求すべきキー

	キーワード	行動指針案
グループ①	・「前進」 ・「一歩前」	・お客様の悩みを一歩，解決できるように ・お客様を一歩前へ進めます ・お客様の知りたいことを一歩前に調べます，お伝えします ・事故が起こる一歩前に危険を回避します ・お客様と一歩前へ進み続ける会社 ・お客様の一歩前で…
グループ②	・信頼性 ・組織力 ・法令遵守 ・楽しく働く	・お客様と私たちの信頼づくりを大切にします ・当社の組織力を活かしお客様のリスクを多方面からサポートします ・法令遵守します ・当社は社員が楽しくやる気をもって働ける環境を作ります
グループ③	・安心・安全 ・専門性 ・要望 ・コンプライアンス遵守 ・お客様第一主義 ・魅力ある職場環境 ・やる気，元気，勇気，本気	・自社の商品・サービスを通じ，お客様に「安心」と「安全」を提供する ・高い専門性を活用しお客様の要望に正確に応える ・お客様第一主義をモットーに迅速に対応する ・コンプライアンス遵守し業務を遂行する ・社員の自主性と創造性を尊重し，魅力ある職場環境を創出する ・「やる気」と「元気」と「勇気」を持って「本気」でお客様に接する
グループ④	・お客様第一主義 ・クイックレスポンス ・組織力 ・トータル提案 ・耳を傾ける	・高いアンテナ，高い接点頻度（クイックレスポンス） ・社内一丸 ・明るく，笑顔で元気よく ・お客様の声に耳を傾ける ・当たり前の事を当たり前のようにする ・上司の目よりお客様の目

図表6-7　＜第1回＞セッションⅡで発表されたキーワードと行動指針案

ワード」を考えるための下地にもなります。

　このワークショップの第1回目では各グループから最終的に図表6-7にまとめた案が発表されました。2つのセッションを経てここまで行きついたわけですが，キーワードには似たような言葉が見られます。一方，行動指針案は個々の内容のレベル感が異なりますし言葉の表現がまだまだ粗削りです。しかし，行動指針をつくった経験のない参加者が，1回目のワークショップでここまで行きつけたことは大きな成果であると言えます。

　セッションⅠ，セッションⅡで発表された内容を事務局がまとめる際に気を

つけなければならないことは，文章が不自然であったり，不適切な言葉が使用されていたりしたとしてもできる限り原文のままとして編集しないことです。そうすれば第2回ワークショップで確認する際，自分たちが記述した案であることを参加者が認識できるだけでなく，客観的にそれを評価できるからです。

第2回ワークショップ

第2回ワークショップは，第1回から3週間後の実施となりました。ワークショップに参加するメンバーは日常業務に忙しく，1週間後にまた4時間を拘束されるとスケジュールを調整しにくかったり業務に支障をきたすことがあり，その理由で参加できないということも考えられます。といって，1ヵ月後だと第1回で議論した内容を忘れてしまったり，参加意識が薄れてしまったりしかねません。そうした点から，3週間程度時間を空けるのが適切ではないかと判断されました。参加メンバー及びグループ分けは第1回と同じです。

第2回のポイントは，前回議論した内容を思い出すこと，そして，さらに議論することによって前回出した行動指針案の精度を高めることです。2回目になると行動指針とは何か，そしてワークショップの目的や自分たちのミッションについて理解が深まっているはずです。したがって，時間が経ち，改めて自分たちのグループや他のグループが発表したものを見ると，行動指針案としてこのまま使えるだろうかといったように現場をより意識した客観的な評価ができるようになっているものです。それによって過不足を修正したり，重複している項目を整理したりする等，内容を精緻化することができるようになります。しかし，理解が深まったためにかえって考えすぎるために行き詰まってしまうこともあるので，事務局は進捗をみながらうまくコントロールすることが必要です。第2回のプログラムは以下のとおりです。

第2回ワークショップのプログラム（時間割）

- 13：00〜13：10（10分）
  ワークショップの目的と進め方の説明

- 13：10〜13：40（30分）

  前回の振り返りと本日の課題の説明

【セッションⅠ】

- 13：40〜14：30（50分）

  顧客への約束として訴求するキーワードとその説明

- 14：30〜15：15（45分）

  発表と質疑応答　※各グループ10分程度（4グループ）

【セッションⅡ】

- 15：15〜16：10（55分）

  ABC社としての行動指針の議論

- 16：10〜16：55（45分）

  行動指針案の発表　※各グループ10分程度（4グループ）

- 16：55〜17：00（5分）

  総括

　参加者の理解は深まっているとしても，ワークショップの目的，行動指針とは何かについて再度説明しておかなければなりません。そして第2回ではセッションに入る前に，参加者が前回のワークショップの議論内容を思い出せるよう，事務局から「前回の振り返り」として各グループから出された案（図表6-7）をスクリーンに映し出して確認しています。

【セッションⅠ】

　第2回では第1回の行動指針案を精緻化することが目的ですが，その一方でABC社のブランディングで策定した「ABCブランドビジョン」に基づき，顧客に訴求したいABC社の特徴やこだわり等を端的なキーワードで表現し，そのワードの説明文を簡潔に記述することを課題に追加しています。

　追加した理由は，特徴やこだわり等を端的なキーワードで表現し，会社パンフレットやウェブサイト等，対外的に訴求する際に「ABCブランドビジョン」とともに，ABC社のこだわりを社内外に訴求し，より認知されやすくするためです。特徴やこだわり等を図形化したり，デザインすれば視覚的な印象を高

めることができます。

　このように，ブランドビジョンやブランドプロミスだけでなく，顧客に対して訴求するこだわり等を端的なキーワードにして「見える化」するやり方は，インターナル・ブランディングだけでなく，ブランドの特徴を端的に伝える「ブランド・コミュニケーション」にも役立ちます。それは顧客・生活者が当該ブランドの価値観を知る手掛かりとなりますし，ブランド・アイデンティティの構築にもつながります。

【セッションⅠでの議論内容】

　ABC社が顧客に訴求すべき特徴やこだわり等を端的な言葉で訴求するとしたら，どのようなキーワードが考えられますか。第1回ワークショップで議論した特徴，強み，こだわり等を参考にし，顧客に訴求すべきと思うキーワードを挙げて，その説明文を簡潔に記入して下さい。

　　※キーワードの個数はいくつでもかまいません（3〜6個程度？）。

　　※説明文は30字程度を目安に分かりやすく端的に記入して下さい。

　追加した課題は難しいように思えるかもしれません。しかし，第1回でABC社の強みやこだわりについてすでにキーワードを挙げて議論しており，事前に資料（図表6-8）を配布しているのでさほど時間をかけることなくまとめることができています。

　セッションⅠではグループごとに様々なキーワードが議論され，最終的には4つのグループから次のようなキーワード案とその説明文が発表されました（図表6-9）。

　セッションにおける議論の中では，もっと様々な言葉が出されており，事務局としては多岐にわたる言葉がキーワードとして発表されるのではないかと考えていました。しかし，結果としては，各グループとも3つか4つの言葉にまとめています。おそらく，色々な言葉が出されたけれども，言葉の意味や意図を考えているうちに基本的な言葉に集約したものと推察されます。

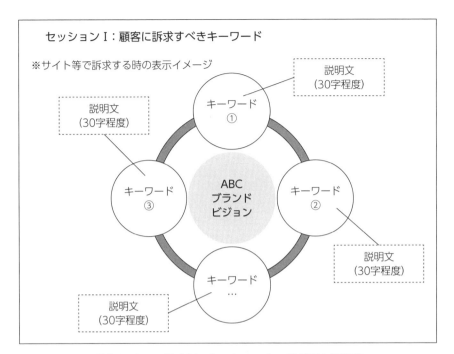

図表6-8　＜第2回＞セッションⅠ—事前配布資料①

　こうして各グループからいくつか言葉が発表されましたが，図表6-9にまとめられた発表内容を見ると「お客様第一」は重複していますし，「法令遵守／コンプライアンス」の他，意味的には似たようなワードがあることが分かります。事務局はこれらの言葉を図表6-8に基づいて整理して最終精緻化をしていますがその作業については後述します。

【セッションⅡ】

　セッションⅡでは，第1回で発表した行動指針案の精度を高めます。各グループのメンバーは，第1回ワークショップにおける2回のセッションで，行動指針について議論し発表しただけでなく，他グループの発表内容を見ています。さらに，第2回ワークショップの「セッションⅠ」でキーワードを議論したことにより，ABC社にとってどのような行動指針が必要であるかについて

	キーワード	説明文
グループ①	誠実	お客様の声に真摯に向き合い，共に課題を解決します。
	提案力	豊富な商品と高い専門性でお客様のニーズを満たします。
	対応力	正確性をもって，スピーディーにお客様の要望にお応えします。
グループ②	お客様第一	お客様の立場に立ち誠意を持って行動します。
	プロフェッショナル	私たちは専門性の高い知識とスキルをもったプロです。
	チームワーク	組織を超えて目的を共有し，一人ひとりが責任をもって行動します。
グループ③	法令遵守	ルールを遵守し，お客様のご意向にそったサービスを提供します。
	お客様第一	お客様のご要望を最優先とし，誠実・迅速に対応します。
	コンサルティング	見えない課題を洗い出し，解決策を導き出します。
グループ④	お客様第一	お客様の声に耳を傾け，迅速に行動します。
	自主性	既成概念にとらわれず，お客様のために考え行動します。
	組織力	社内の意思疎通を図って知識やスキルを活用し，より良い提案に役立てます。
	コンプライアンス	法令を遵守して行動します。

図表6-9　＜第2回＞セッションⅠ発表内容（キーワード）

の理解はさらに深められています。

　しかし，理解が深まったことによって各グループのメンバーは，自社の行動指針をどのようなレベルで考え，どのような内容にすべきかについて戸惑いが見られました。実際，ワークショップの中でそうした声は多々聞かれましたし，文章ではなく，「誠実」「挑戦」のような単語にしてはどうかという声も聞かれました。

　そうした中でも議論を重ねた結果，最終的に図表6-10の行動指針案が各グループから発表されました。

　「ABCブランドビジョン」を前提として考えているので，大きく外れた突拍子もない案が提案されることはないであろうとある程度予想されましたが，図表6-10を見ると，言葉や表現方法は違っていても共通点は見られますし，考える視点は揃ってきていることが分かります。

グループ①	・新たな「気づき」を創出するために，情報感度を高く保ちます。 ・最適な提案のために，専門性を追求します。 ・お客様の声に真摯に向き合い，誠実に行動します。 ・お客様の要望を実現するために，迅速かつ正確に対応します。
グループ②	・プロフェッショナル 　プロとして常に自己を磨き専門性を高めます。 ・チームワーク 　社内の知識とスキルを活用し，一丸となってお客様のニーズに応えます。 ・コンプライアンス 　法令等を遵守するとともに，社会の良識に則って行動します。
グループ③	お客様に安心を提供するために， ・ご要望に対して社内一丸となって対応します。 ・高い専門性を活用しご要望に正確に対応します。 ・一人ひとりが責任をもって，迅速に対応します。
グループ④	・コミュニケーション力：お客様の声に耳を傾け，きちんと応えます。 ・対応力：迅速かつ的確に行動します。 ・提案力：お客様の満足いただける提案をします。 ・組織力：組織の力を活用します。

図表6-10　＜第2回＞セッションⅡ発表内容（行動指針案）

ワークショップ終了後の精緻化作業

　こうしてワークショップが終了しました。第1回ワークショップでは，「ABCブランドビジョン」の説明を通じてABCブランドの'考え方'を共有する一方，同社の強みや弱み，今後に向けて何をすればいいかを議論することで自社の現状や今後の課題について議論し，行動指針案を策定する下地作りをしました。

　また，第2回ワークショップでは，第1回で考え議論したことを前提に，顧客に訴求すべきキーワード，そして行動指針案の精度を高めましたが，そのアウトプットはすでに紹介したとおりです。企業によっては，さらにワークショップを実施することもあります。その場合，行動指針案の精度をさらに高めてもいいのですが，行動指針導入後の具体的な浸透策を検討することに時間を費やしたほうがよいかもしれません。

　2回のワークショップを通じて具体的なアウトプットが発表された後は事務

局の作業となります。行動指針の策定に関わったことのない社員が，「ABC社の行動指針案」と「顧客に訴求すべきキーワード」をまとめたことは大きな成果です。

ワークショップに参加したメンバーの関心は，時間をかけて議論し発表した内容が今後どうなるのかということです。それが会社レベルの事案としてトップマネジメントに検討されるのか，具体的な施策として本当に導入されることになるのかといったことです。

このワークショップの目的は，2つのアウトプットを策定することですから，実際にそれらをABC社のものとして導入しなければ意味がありません。しかし，図表6-9と図表6-10に挙げた各グループの案を役員会などでそのまま提示しても，トップマネジメントは審議のしようがありません。そこで，事務局はワークショップで案出されたキーワードと行動指針案を，トップマネジメントが審議できるよう整理し，最終的な精緻化に取り掛かりました。

顧客に訴求するキーワードの策定

まず，顧客に対して訴求するキーワードですが，図表6-8のようにビジュアル化して示せるようにすることが目的です。そのために，図表6-9にまとめた各グループのキーワード案を次のステップで最終案へと精緻化していきます。

【ステップ1】キーワードの整理

言葉に集中できるようグループの枠を外し，重複するキーワードを整理します。

【ステップ2】キーワードの類型化

整理したキーワードの説明文の内容に基づいていくつかのグループに分類します。

図表6-11のように整理したキーワードの説明文を読むと，表現は異なって

キーワード	説明文
お客様第一	お客様の立場に立ち誠意を持って行動します。
	お客様のご要望を最優先とし，誠実・迅速に対応します。
	お客様の声に耳を傾け，迅速に行動します。
誠実	お客様の声に真摯に向き合い，共に課題を解決します。
提案力	豊富な商品と高い専門性でお客様のニーズを満たします。
対応力	正確性をもって，スピーディーにお客様の要望にお応えします。
組織力	社内の意思疎通を図って知識やスキルを活用し，より良い提案に役立てます。
プロフェッショナル	私たちは専門性の高い知識とスキルをもったプロです。
コンサルティング	見えない課題を洗い出し，解決策を導き出します。
チームワーク	組織を超えて目的を共有し，一人ひとりが責任をもって行動します。
自主性	既成概念にとらわれず，お客様のために考え行動します。
法令遵守 （コンプライアンス）	ルールを遵守し，お客様のご意向にそったサービスを提供します。
	法令を遵守して行動します。

図表6-11　ステップ1　キーワードの整理

いますが，同じようなことに言及していることが分かります。

　まず，「お客様第一」と「誠実」の説明文にはすべて「お客様の」という言葉が使われ，その内容から顧客に対する姿勢を表していることが分かるので，これらは「顧客への姿勢」としてまとめることができます。また，「提案力」「対応力」「組織力」に共通するのは「力」という言葉であり，ABC社として誇示し訴求したい能力としての「強み」を表しています。

　また「プロフェッショナル」「コンサルティング」は顧客の信頼を勝ち取るためのABC社の立ち位置やこだわり，責任，自負等を表しているので「こだわり」と分類。そして「チームワーク」「自主性」「法令遵守」は社内を活性化させることや守るべきことを表しているので「大切にすること」としました。

　様々なキーワード案が発表されましたが，それらを類型化するとABC社として「顧客への姿勢」「強み」「こだわり」「大切にすること」が顧客に訴求すべきこととして重視されていることが分かります（図表6-12）。

	キーワード	説明文
顧客への姿勢	お客様第一	お客様の立場に立ち誠意を持って行動します。
		お客様のご要望を最優先とし，誠実・迅速に対応します。
		お客様の声に耳を傾け，迅速に行動します。
	誠実	お客様の声に真摯に向き合い，共に課題を解決します。
強み	提案力	豊富な商品と高い専門性でお客様のニーズを満たします。
	対応力	正確性をもって，スピーディーにお客様の要望にお応えします。
	組織力	社内の意思疎通を図って知識やスキルを活用し，より良い提案に役立てます。
こだわり	プロフェッショナル	私たちは専門性の高い知識とスキルをもったプロです。
	コンサルティング	見えない課題を洗い出し，解決策を導き出します。
大切にすること	チームワーク	組織を超えて目的を共有し，一人ひとりが責任をもって行動します。
	自主性	既成概念にとらわれず，お客様のために考え行動します。
	法令遵守（コンプライアンス）	ルールを遵守し，お客様のご意向にそったサービスを提供します。
		法令を遵守して行動します。

図表6-12　ステップ2　キーワードの類型化

【ステップ3】キーワードの選定

　ステップ3では4つの分類に基づいて適切と考えられる言葉を探索し，ABC社が顧客に訴求する最終的なキーワードを選定します。その際，発表されたワードをそのまま使用してもかまいませんが，業界特性や事業内容を前提に，社員に受け入れられやすいか，意識づけにもつながるかといった点を考慮することが大切です。そして，各ワードの説明文の内容を踏まえながら顧客への訴求ワードとしての適性等を勘案してよりふさわしいと考えらえられるワードを選定します。

　まず，「顧客への姿勢」の分類では，「お客様のことを第一に考え，誠実に対応する」という視点から「カスタマー・バリュー（顧客価値）」という言葉を選定しました。次に「強み」である「提案力，対応力，組織力」と「こだわり」である「プロフェッショナル」「コンサルティング」の両視点を勘案し，

「お客様の困りごとに対する解決策を提案すること」を訴求できる言葉として「ソリューション」を選定しました。

　一方，「顧客への姿勢」の説明文にある「お客様の声に耳を傾け〜」や「強み」である「組織力」の「意思疎通を図って〜」，「大切にすること」のひとつである「チームワーク」を実現することを意識づけるための言葉としては「コミュニケーション」です。さらに，プロとしての専門性を活かしながらお客様に寄り添うという「顧客への姿勢」をより強調して訴求するための言葉として「パートナー」を選定しました。

　以上で，「カスタマー・バリュー」「ソリューション」「コミュニケーション」「パートナー」という4つの言葉を選定したことになります。事務局はこれらの言葉をただ列記して訴求するだけでは印象に残りにくいのではないかと考え，言葉としての識別性や印象を高めるために，‘良い，役に立つ’という意味合いを‘グッド’という言葉で表現しそれぞれに付記しました。それにより，「グッド・カスタマー・バリュー（より良い顧客価値）」「グッド・ソリューション（より良いソリューション）」「グッド・コミュニケーション（より良いコミュニケーション）」「グッド・パートナー（より良いパートナー）」の4つを，ABC社が顧客に訴求すべきキーワード案としました。

　さらに，ワークショップでは「法令を遵守する」や「コンプライアンス」という言葉が発表されていましたが，‘グッド’という言葉との連動性を考え，「法令を遵守するとともにチームワークを大切にして顧客価値に応える良い会社／仲間」という意味合いで「グッド・カンパニー」を第5のキーワードとして追加しました。

　こうしてワークショップを通じて発表されたキーワード案をベースに，「グッド・カスタマー・バリュー」「グッド・ソリューション」「グッド・コミュニケーション」「グッド・パートナー」「グッド・カンパニー」を最終案としてトップマネジメントに提示することにしました。

【ステップ4】各キーワードの意味付け

　5つのキーワードのうち，「カスタマー・バリュー」はやや難しいかもしれ

ませんが，それ以外は一般的によく用いられる言葉ですのでさほど難しくはありません。しかし，それぞれの言葉の意味やそこに込められた想いをよりよく伝えるために，ステップ4では次のようにそれぞれのキーワードに端的な意味づけをして各ワードを通じて伝えたいことが分かるようにしています。

- グッド・カスタマー・バリュー：お客様にとって何が大切かを第一に考えます。
- グッド・ソリューション：お客様に最適なソリューションを提供します。
- グッド・コミュニケーション：お客様とのより良いコミュニケーションを大切にします。
- グッド・パートナー：お客様に寄り添えるより良いパートナーを目指します。
- グッド・カンパニー：法令を遵守し社会に役立てるより良い会社となります。

さらに，5つのキーワードをABC社の独自のものとして顧客への訴求効果を高めるために全体を「ABCが約束する5つのグッド」と名付ける一方，ウェブサイト等で表示する際に，視覚的な効果を高めることも検討し，「ABCブランドビジョン」を中心に配置したビジュアルイメージ（図表6-13）を作成しました。

行動指針の精緻化

次は行動指針案の精緻化です。このワークショップでは，4つのグループから図表6-10の行動指針案が発表されています。先述したように，これらの案は「ABCブランドビジョン」を前提として考えているので，言葉や表現方法は違っていても共通点は見られますし，考える視点もだいたい揃ったものとなっています。しかも，「ABCが約束する5つのグッド」の元となったキーワードと行動指針案を同じワークショップで実施しているので，行動指針案の内容はそれと似たようなものとなっています。

事務局は，異なる言葉や表現法を揃えながら，ABC社の社員に必要と考えられる行動指針にまとめていかなければなりません。「ABCが約束する5つのグッド」を行動指針とすることもできますが，これはあくまでも顧客に対する

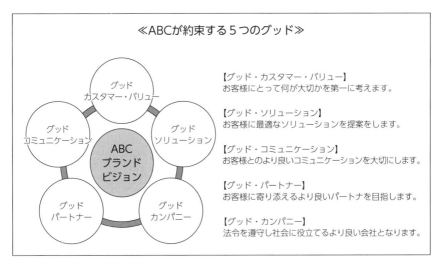

≪ABCが約束する５つのグッド≫

グッド
カスタマー・バリュー

グッド
コミュニケーション

ABC
ブランド
ビジョン

グッド
ソリューション

グッド
パートナー

グッド
カンパニー

【グッド・カスタマー・バリュー】
お客様にとって何が大切かを第一に考えます。

【グッド・ソリューション】
お客様に最適なソリューションを提案をします。

【グッド・コミュニケーション】
お客様とのより良いコミュニケーションを大切にします。

【グッド・パートナー】
お客様に寄り添えるより良いパートナを目指します。

【グッド・カンパニー】
法令を遵守し社会に役立てるより良い会社となります。

図表６-13　「ABCが約束する５つのグッド」の表記イメージ

自社のこだわりの社外的な訴求です。したがって，ABC社ではそれとは別に行動指針案を策定することとしていますが，それを対外的に訴求したり表示しないことにしました。

　図表６-10にあるように，各グループから発表された行動指針案の数は「グループ①」が４案，「グループ②」が３案，「グループ③」が３案，そして「グループ④」が４案です。したがって，ワークショップに参加したメンバーは，ABC社の行動指針は３から５項目ぐらいと認識していると推察できます。

　行動指針の項目数は企業によって異なりますが，５～８項目程度を設定している企業が多いように思います。もちろん10項目程度設定している企業もありますが，それより多いと行動指針として機能させにくくなるかもしれません。また，３項目の企業もありますが，やはり行動指針としては少ない感があり，５～10項目とするのが適切な数ではないでしょうか。

　行動指針案の精緻化作業では，「ABCが約束する５つのグッド」の策定と同様のステップを踏んでいます。精緻化し最終案にするまでのプロセスを見ていきましょう。

【ステップ１】行動指針案の整理

　行動指針案に集中できるようグループの枠を外し，各案の内容や表現を少しずつ修正しながら並列に列記します（図表６-14参照）。

【ステップ２】行動指針案の類型化

　図表６-14に列記した行動指針案は，このままでは使うことはできません。しかし，先述したように各項目をよく見ると内容が似たものがあるので，一つひとつを吟味し訴求キーワードと同じように内容が類似した項目を類型化してそれぞれにテーマ名を付けます（図表６-15参照）。

　こうしてみると，ワークショップで各グループから発表された14項目は，「接客姿勢」「対応・行動力」「組織力の活用」「自己成長」「法令遵守」という５つに類型化できます。そこから，行動指針としては５項目ぐらいにすると想定します。５つの類型のうち「接客姿勢」「対応・行動力」「組織力の活用」は顧客に向けた社外的な内容であり，「自己成長」「法令遵守」はどちらかいうと社内に向けられたものです。

　行動指針は日頃の業務における心掛けや判断基準ですので，すべての項目を社外を意識した内容にする必要はありません。ABC社では参加者の視点が，結果として社外的な内容と社内的な内容に向けられたわけです。

【ステップ３】類型テーマに基づく行動指針案の最終精緻化

　行動指針案の精緻化にあたっては，言葉の良い部分を切り取って組み合わせると全体的に不自然な文章となったり，バランスの悪い文章となったりしかねません。精緻化する際には次のことに留意しなければなりません。

- それぞれの案が出された意図を読み取る。
- 的確な表現がなければ，適切な言葉で補う。
- 文章の長さや語尾を揃えるとともに分かりやすく表現する。
- 日常業務での心掛けや判断基準として具体的に行動できる内容にする。
- 不足していると考えられる項目があれば逸脱しない範囲で追加を検討する。

・新たな「気づき」を創出するために，情報感度を高く保ちます。
・最適な提案のために，専門性を追求します。
・お客様の声に真摯に向き合い，誠実に行動します。
・お客様の要望を実現するために，迅速かつ正確に対応します。
・一人ひとりが「プロ」として常に自己研鑽を行い専門性を高めます。
・一人ひとりの専門性に加え社内スキルを活用し，一丸となってお客様のニーズにお応えします。
・一人ひとりが法令等を遵守するとともに，社会の良識に則って行動します。
・お客様に安心を提供するために，ご要望に対して社内一丸となって対応します。
・お客様に安心を提供するために，高い専門性を活用しご要望に正確に対応します。
・お客様に安心を提供するために，一人ひとりが責任をもって，迅速に対応します。
・お客様の声に耳を傾けます（傾聴力）。
・お客様の満足を満たします（提案力）。
・迅速・的確に行動します（対応力）。
・専門組織を活かします（組織力）。

図表6-14　ステップ1　（行動指針案の整理）

グループから提示された行動指針案	類型テーマ
・お客様の声に真摯に向き合い，誠実に行動します。 ・お客様の声に耳を傾けます（傾聴力）。 ・お客様の満足を満たします（提案力）。	接客姿勢
・お客様に安心を提供するために，高い専門性を活用しご要望に正確に対応します。 ・お客様の要望を実現するために，迅速かつ正確に対応します。 ・お客様に安心を提供するために，一人ひとりが責任をもって，迅速に対応します。 ・迅速・的確に行動します（対応力）。	対応・行動力
・一人ひとりの専門性に加え社内スキルを活用し，一丸となってお客様のニーズにお応えします。 ・お客様に安心を提供するために，ご要望に対して社内一丸となって対応します。 ・専門組織を活かします（組織力）。	組織力の活用
・新たな「気づき」を創出するために，情報感度を高く保ちます。 ・最適な提案のために，専門性を追求します。 ・一人ひとりが「プロ」として常に自己研鑽を行い専門性を高めます。	自己成長
・一人ひとりが法令等を遵守するとともに，社会の良識に則って行動します。	法令遵守

図表6-15　ステップ2　行動指針案の類型化とテーマ設定

　事務局はこうした点を考慮し各類型の行動指針案を精緻化しました。

　まずは「顧客姿勢」です。その類型には３つの項目がありますが，顧客に接する上でどれも大切なことです。しかし，「お客様の声に耳を傾ける」「真摯に向き合う」だけでは行動指針としては十分ではありませんし，「満足を満たす」ためにどう行動するかを明示する必要があります。それに「満足を満たす」は言葉としても適切ではありません。心がけや判断基準が具体的な行動につながるために「顧客への姿勢」の類型においてABC社に大切なことは，「顧客の視点で考えること」そして「顧客の状況を理解するように努めること」です。そこから事務局はひとつ目の行動指針案として次のように精緻化しました。

＜精緻化案１＞お客様の立場に立ち，「何が大切か」を第一に考えます。

　次に「対応・行動力」と「組織力の活用」は別々の類型テーマとなっていますが，各項目は「対応する」という言葉が共通して表現されています。「対応・行動力」のテーマでは「お客様に安心してもらえるように対応する」ことに視点がおかれ，「組織力の活用」では「専門性や組織力を活かして対応する」ことです。そこで，「組織力を活用してお客様の要望に応える」ことを指針とするために，２つ目の行動指針案を次のようにしました。

＜精緻化案２＞組織力を活用し，お客様の要望に迅速かつ丁寧に応えます。

　一方，ABC社はブランドビジョンで「お客様に寄り添うソリューションパートナー」を掲げていることと「お客様に安心してもらえるよう対応する」という両視点から，顧客とより良い関係作りをすることが必要であるということを社員が意識できるように精緻化されたのが，次の行動指針案です。

＜精緻化案３＞親身になってお客様に接し，信頼される関係性を築きます。

　こうして，社外に向けた内容の類型から３つの行動指針案が策定されました。次は社内的な内容の類型テーマからの精緻化です。

　「自己成長」の類型テーマには３つの項目がありますが，中でも「プロ」「自己研鑽」「専門性」がキーワードであり，それらを高めより良い提案ができるよう自分を磨くことを日頃から意識できるようにするという視点から，次のよ

うに行動指針案を精緻化しました。

＜精緻化案４＞プロとしてのスキルアップを図り，自己成長に努めます。

　また，ABC社のワークショップでは「組織力」や「グループワーク」といった言葉が頻繁に出される一方，最適なソリューションの提供に向けて専門性や組織を活かすことを重視する視点が伺えました。これを実現するには日頃から「情報を共有する」ことや「意思疎通を図る」こと，そしてそれらを実践できる風通しの良い社内環境をつくることが必要となります。そうしたことから，ワークショップの中では行動指針案として発表されませんでしたが，次の行動指針案を追加しました。

＜精緻化案５＞情報共有と意思疎通を図り，風通しのいい社内風土をつくります。

　最後に「法令遵守」ですが，これは「ABCが約束する５つのグッド」にすでに掲げられています。したがって，項目のひとつとして挙げられてはいるものの，削除するかどうかを慎重に検討しました。その結果，やはり「法令遵守」をより意識できるよう，行動指針案として改めて掲げるべきであるとの結論となり次のように精緻化しました。

＜精緻化案６＞法令を遵守し，社会の良識に則って行動します。

　こうして，最終的に事務局は行動指針案を以下の６項目にまとめ，トップマネジメントに提示することとなりました。

ABC社行動指針案

- お客様の立場に立ち，「何が大切か」を第一に考えます。
- 組織力を活用し，お客様の要望に迅速・丁寧に応えます。
- 親身になってお客様に接し，信頼される関係性を築きます。
- プロとしてのスキルアップを図り，自己成長に努めます。
- 情報共有と意思疎通を図り，風通しのいい社内風土をつくります。
- 法令を遵守し，社会の良識に則って行動します。

【ステップ４】トップマネジメントによる承認

　こうして最終的なキーワード案と行動指針案に精緻化されました。今回紹介したワークショップの目的は，顧客に訴求するキーワードと行動指針を策定することですので，それぞれの案をトップマネジメントに提示して承認されなければなりません。そこでトップマネジメントへ精緻化案を提示する機会が設定されましたが，そこにはワークショップに参加したメンバーも同席することとしました。

　その場において事務局は，社員参画型のワークショップを実施したことを説明し，最初に各グループの案を提示しました。続いて，各グループの案を精緻化するステップを示し，最終的に顧客に訴求するキーワードをまとめた「ABCが約束する５つのグッド」案と，「ABC社の行動指針」案を提示して，それぞれの意味とそこに込められた思いを丁寧に説明しました。こうして，それぞれの案はトップマネジメントに承認され「ABCが約束する５つのグッド」「ABC社の行動指針」として正式に導入されることになりました。

　こうしたワークショップは当然のことながらその目的や進め方，あるいはアウトプットは各社各様です。ですので，自社の状況に応じて無理のない計画で実施しなければなりません。重要なことは，インターナル・ブランディングの一環なので「ブランドの'考え方'」を意識しながらワークショップを実施すること，そしてワークショップを通じてその'考え方'を「自分ゴト化」できるようにすることであり，最終的には「行動化」につないでいけるようにすることです。

≪実践事例２≫
新ビジョンと行動指針の社内浸透を推進するXYZ社の事例

　事例１では，ABC社のインターナル・ブランディングの一環で実施された
ワークショップの進め方と行動指針及び顧客に訴求すべきワード（ABCが約
束する５つのグッド）の策定手順を一例として紹介しました。事例２では，新
しいビジョンと行動指針を策定した後，その社内浸透に向けた活動に取り組ん
でいるXYZ社の事例を取り上げ，どのような体制を構築しどのような具体的
な施策を実施しているかについて紹介します。

「実践事例２」におけるブランディングの前提

　XYZ株式会社（売上高約1,000億円，社員数約900人，以下「XYZ社」と表
記）は，建築資材を製造・販売するメーカーです。大手企業グループのグルー
プ企業であり，グループのブランドをコーポレートブランドとしています。
　堅実な経営で着実に成長してきた企業ですが，2015年に社長が交代しました。
新社長は同社を取り巻く社内外の事業環境の現状と展望を見据え，さらなる企
業成長に向けた事業強化方針を打ち出す一方，企業風土改革と組織の活性化に
取り組みました。その中で，中長期視点でのビジョンの開発に着手。コーポ
レートコミュニケーション部がその取りまとめ役となってトップマネジメント
と議論を重ねた結果，次の内容をその構成要素とする新ビジョンが導入される
ことになりました。
　　• XYZ社の目指す姿：
　　　人が快適に過ごせる空間づくりに貢献する建築資材メーカー。
　　• XYZ社のミッション：
　　　'バリューマテリアル'を追求し新たな価値を創造する。
　新ビジョン策定の過程では，「人が快適に過ごせる空間づくり」に議論が集

中しました。建築資材メーカーであるXYZ社には「空間をつくる」という概念がなかったからです。しかし，製品の付加価値を高め新たな事業機会を創出するために，これからは，建築資材という'モノ'を見るだけでなく，人にとっての'快適な空間づくり'という発想でモノや事業を考えることが必要であると同社は考えました。一方，'バリューマテリアル'の「マテリアル」は「素材，資材，人材」といった意味があり，価値が認められる製品，サービス等を追求するという意思を表現しています。このように，その意図や意味を考えてしまう言葉をあえて新ビジョンに盛り込むことによって社員の意識変革を促すとともに，これまでの単なる延長ではない事業の在り方を構築する基軸としようとしたわけです。

　また，XYZ社には以前から掲げてきた行動指針がありましたが，新ビジョンの導入を契機にそれを刷新することにしました。そして新しい行動指針の策定を含め次の①から⑤を社内浸透と社内活性化活動，つまりインターナル・ブランディングのための主な実施項目とし，計画的かつ機能的に様々な施策を展開しています。なお，同社では「インターナル・ブランディング」という言葉を使用していないので，以下それを「社内浸透・活性化活動」と表記します。

　　① ワークショップで行動指針を新たに策定
　　② 社内浸透・活性化活動の推進体制の構築
　　③ ビジョンブックとパネルの制作
　　④ プロジェクトのロードマップ作成と施策の実践
　　⑤ 事業部門におけるキャラバン＋ワークショップ併合型研修会の実施

実施項目の展開

　実施項目を具体的に展開するにあたり，XYZ社では新ビジョンの開発に携わったコーポレートコミュニケーション部と，経営企画部，人事部の部門責任者及びスタッフをメンバーとする「事務局」が編成されました。事務局は社内浸透・活性化活動の推進に向けた企画，運営，人材の調整等を行います。そして事務局を中心に組織的に機能する推進体制を構築していますが，以下では①

から⑤の各項目について具体的な取り組み内容を紹介します。

① ワークショップで行動指針を新たに策定

　既存の行動指針を刷新するにあたり，XYZ社では事務局が主管となって社員参画型のワークショップを開催し，新ビジョンのもとで行動指針を策定することとしました。そのワークショップの参加人数，規模，進め方等の概要は以下のとおりです。

- 人　数：24人
- グループ数：4（1グループ6人）
- 開催数：3回
- 期　間：約2ヵ月
- アウトプット：新ビジョンに基づく行動指針，それらの社内浸透策
- チーム編成：部署，役職，年代の混成

　ワークショップは3回とも13時開始，18時終了とし，「事前説明」→「セッションⅠ」→「休憩」→「セッションⅡ」→「事後連絡」という構成で進められました（図表6-16）。特徴的なのは，毎回社長が出席して冒頭で挨拶をするとともに，時間が許す限りオブザーバーとしてワークショップに参加し，トップとしてのコミットメントを示したことです。それにより，参加者はトップマネジメントの本気度を感じることができたのではないかと思います。行動指針の策定は全社的な課題ですので，それをワークショップを通じて実施する場合，ABC社の事例でもそうでしたが，トップマネジメントがコミットしていることを示すことが非常に有効です。XYZ社は社長自らが参加したので，ワークショップだけでなくその後の活動を円滑に進めることができています。

　第2回ワークショップの終了後，事務局は発表された行動指針案を精緻化しましたが，ABC社と同じような作業手順でそれを実施しています。そして第3回ワークショップで精緻化のプロセスを参加メンバーに説明して最終案を提示。それに対する質疑応答の時間をとりましたが，大きな変更や修正の声が出ることもなく賛同が得られ，5項目からなる行動指針案が策定されました。最終的に経営会議でそれが承認され，XYZ社の行動指針として正式に導入され

	第1回	第2回	第3回
事前説明 (13:00〜)	・社長挨拶 【事務局より】 ・ワークショップの目的の説明 ・本日の進め方の説明 ・新ビジョンの説明 ・行動指針とは何かの説明	・社長挨拶 【事務局より】 ・本日の進め方の説明 ・第1回の振り返りと発表された行動指針案の確認	・社長挨拶 【事務局より】 ・これまでの振り返り
セッション I	【グループごとに議論】 ・新ビジョンの内容の確認 ・現行の行動指針の確認 ・XYZ社の業務の現状評価 （強み，弱み等） ・XYZ社に必要な行動の抽出	【グループごとに議論】 ・新ビジョンの内容の再確認 ・前回の行動指針案の評価 ・行動指針案の実施レベルについての議論と確認	【事務局より】 ・行動指針精緻化の経緯説明 ・精緻化案の提示と解説 【参加者より】 ・参加者からの評価
休憩	休憩	休憩	休憩
セッション II	【グループごとに議論】 ・セッションIに基づき行動指針の案出とまとめ 【各グループより】 ・行動指針案の発表	【グループごとに議論】 ・セッションIに基づき，行動指針案の再検討 【各グループより】 ・行動指針再検討案の発表	【グループごとに議論】 ・浸透策の案出 【各グループより】 ・浸透策案の発表
事後連絡 (〜18:00)	【事務局より】 次回の案内と今後のスケジュールの連絡	【事務局より】 次回の案内と今後のスケジュールの連絡	【事務局より】 今後の実施内容とスケジュールの説明
ワークショップ後の事務局の作業	発表された行動指針案の整理	発表された行動指針案に基づき，行動指針案を精緻化	・行動指針案の最終精緻化 ・浸透策の検討

図表6-16　実施された3回のワークショップの内容

ることになりました。

　その行動指針はここでは紹介しませんが，指針は「自己成長」「仲間意識」「顧客価値」「社会貢献」「長期視点」というテーマに基づき，それぞれについて何を心掛けどう行動したらよいかを判断できる内容になっています。

　また，事務局は，このワークショップで行動指針が策定されるまでのメーキングビデオ（4分程度）を制作しています。そのビデオは以下の構成内容となっています。

- 新ビジョンや行動指針を策定する背景の説明（文字情報）
- トップからの動画メッセージ
- 各グループがワークショップで議論し発表する様子
- 数名の参加者へのインタビュー
- 新ビジョンと行動指針

　事務局はこのメーキングビデオをイントラで配信するだけでなく，事業部門での研修会やワークショップにおいて活用し社内浸透に役立てています。

　このワークショップに先立ち，トップマネジメントと管理職が参加する経営幹部会の中で新ビジョンについて理解を深める短時間のワークショップが実施されました。その中では参加者が数人ずつ班に分かれて新ビジョンの導入意図や言葉の意味を確認するとともに，社内活性化のために管理職として何をするべきかについて議論し班ごとに発表が行われました。

　事務局はそこで発表された社内活性化の施策案と社員が参加したワークショップで出された社内浸透施策案を検討し，実施できるものを「④活動プロジェクトのロードマップ」にも反映させるなどロードマップ作成の基本情報として役立てています。

② 社内浸透・活性化活動の推進体制の構築

　全社的な活動を推進する上で，事務局だけでは人的パワーに限界があります。そこでXYZ社はこの社内浸透・活性化活動を「プロジェクト」と位置づけ，ワークショップに参加した社員の中から事業の現場と事務局の橋渡しとなってもらえる社員を「プロジェクトメンバー」として6〜7名選抜し，そのメンバーと事務局で運営する「プロジェクト会議」体制を導入しました。これは第5章の図表5-3にある「プロジェクトチーム設置型」のパターンであると言えます。この会議体は社内浸透・活性化活動の推進にあたって，次の3つの機能を持っています。

- 企画機能：プロジェクトにおける活動を企画し検討する。
- 推進機能：プロジェクトにおける活動を推進し運営する。
- 情報受発信機能：プロジェクトに関する情報を受発信する。

　プロジェクトメンバーは，プロジェクト会議で事務局から提示された浸透策案等について現場の視点でコメントをしたり，案の精緻化に協力するだけでなく，全社的な方針や施策を現場に伝える一方，現場の意見や状況を事務局に報告する役割を担います。また，事業部門ごとで個別にワークショップを実施する際，その運営者となって事務局を支援する役割も担っています。選抜されたメンバーは，ワークショップにおいて自分の考えに基づく意見をしっかり述べるだけでなく活動にも積極的な人材であり，事業の現場においても主戦力として活躍する社員です。したがって，その選抜にあたって事務局は各人のそれぞれの上司に協力してもらえるよう承諾を得るだけでなく，各人の負担が大きくならないように配慮し，ブランド会議は各人のスケジュールを考慮した上で，3ヵ月に1回程度の開催としました。

　また，社長が「プロジェクト責任者」となる一方，取り組みにおける様々な施策案のうち全社的な案件についての承認が必要となることを想定し，トップマネジメントによる承認機関となる「プロジェクトコミッティ」を設置して全体の推進体制を構築しています（図表6-17）。

　さらに，新ビジョンと行動指針の社内浸透，そして社内活性化を図るこのプロジェクトを「New Value Project」（通称，NVプロジェクト）と命名し，プロジェクトにおけるあらゆる活動をこの通称を使って実施することでプロジェクトの社内認知を高めています。以下，このプロジェクトを「NVプロジェクト」と表記します。

③ ビジョンブックとパネルの制作

　事務局では，新ビジョンと行動指針を「見える化」するために，まず「XYZビジョンブック」の作成に取り掛かりました。このブックは新ビジョンと行動指針を収載するだけでなく，新ビジョンと行動指針に用いられている言葉を事業と関連づけて簡潔に説明し，その言葉に込められた意味を社員が業務と照ら

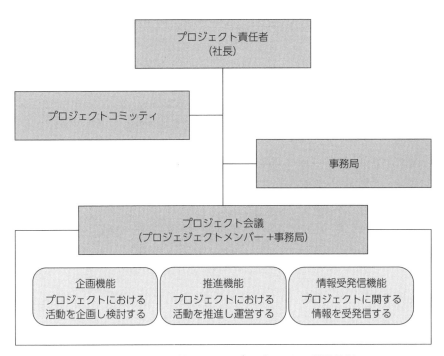

図表6-17　XYZ社におけるプロジェクトの推進体制

し合わせて考えることができるように構成されています。また，ビジョンや行動指針をどう捉えたのか，それらに基づいてどのような行動をしたらいいか等について書き込めるスペースが各ページに設けられています。

　一方，ビジョンと行動指針を表記したパネルを作成し，ビジョンブックを社内に配布するタイミングと併せてすべての事業所や工場に送付しました。パネルのサイズを同じにすると掲示できない場所が出てきます。そこで事務局は事前に事業部門の担当者に掲示するスペースや場所等を確認し，それぞれに合った数種類のサイズのパネルを作成しました。こうすることですべての事業部門において一様にパネルを掲示し，より多くの社員がビジョンや行動指針を目にできるようにしています。

　企業／経営理念やビジョン等を額装して掲示している企業は多いですが，そこに表記されている文言は同じでも，フォント（書体）や文章の区切りが異

なっていたり，額自体もサイズや素材が異なるものであったりすることがよくあります。事務局はビジョンブックやパネルをはじめ，新ビジョンと行動指針を表記するあらゆるアイテムで使用するフォントや文章の区切り等を管理し，どこでも，どんな場面でも同じ見え方となるようにしています。

④ プロジェクトのロードマップ作成と施策の実践

　ブランドブックを作成して全社員に配布し，掲示用パネルを送付して新ビジョンと行動指針を「見える化」した同社は，以後，全社的な活動を展開していきます。

　まず，社内浸透・活性化活動を「認知」「理解」「共感・納得」という3つのフェーズに分け，それぞれを「フェーズⅠ」「フェーズⅡ」「フェーズⅢ」としました。一方，「トップから全社員」に対する活動を「活動①」とし，「管理職から部門社員」を「活動②」，「全社横断的」な活動を「活動③」，そして「顧客・社外関係者」向けを「活動④」と設定しました。そして「フェーズ」を縦軸，「活動」を横軸にして12のボックスから成る「NVプロジェクトのロードマップ」を作成しました（図表6-18）。その中にできる12のボックスに具体的な施策を当てはめて，どのフェーズのどの施策をいつから実施するかを把握できるようにしました。

　このロードマップは，プロジェクトの実施施策や進捗状況をプロジェクトメンバーで共有するだけでなく，経営幹部会での報告や，部門における研修やワークショップにおいて説明する際にも使用されています。

　新ビジョンと行動指針の認知を高める「フェーズⅠ」に向けて実施する具体的な活動は次のとおりです。

- 施策1：社長メッセージをイントラに掲載し，新ビジョンと行動指針を導入した意図やトップとしての思いを全社員に対して直接伝える。
- 施策2：パネルを事業所の見やすい場所に掲示することを徹底するとともに，新ビジョン及び／または行動指針の唱和の慣例化を図る。唱和についての最終判断は事業部門の責任者に委ねる。

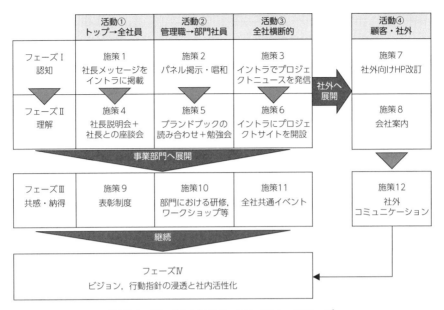

図表6-18　NVプロジェクトのロードマップ

- 施策3：事業部門から挙げられた情報を，イントラを活用して「プロジェクトニュース」として発信する。その反応を見て，定期的な発信とするかどうかを検討する。

　新ビジョンと行動指針に対する理解を促す「フェーズⅡ」では，次のような活動を実施しています。
- 施策4：社長が主要な事業所や工場に出向いて開催する経営方針説明会の中で，新ビジョンと行動指針について説明する。また，可能な範囲で社長と社員が語り合える機会を設定する。
- 施策5：事業部門の管理職が中心となり，ブランドブックの読み合わせをするとともに勉強会を実施する。
- 施策6：イントラの中にNVプロジェクトの専用サイトを開設して，プロジェクトにおけるアウトプットや社内報の内容等を逐次掲載し社員が閲覧できるようにする。

　事務局は，以上の6つの活動について取り組み開始時期を設定し，それに基づいて各活動を実施しています。また，それと並行して「活動④」である顧客や外部関係者への情報発信に向けてホームページを改訂（施策7）するとともに会社案内を刷新しました（施策8）。会社案内の刷新作業にあたっては，事務局が原案を作成。それについてプロジェクト会議でメンバーと議論を重ね，現場視点でのコメントやリクエストを考慮しながら最終形を完成させています。

⑤ 事業部門におけるキャラバン＋ワークショップ併合型研修会の実施

　フェーズⅠ，フェーズⅡの活動の進捗を見ながら事務局は，フェーズⅢの「施策10」である「事業部門における研修，ワークショップ」を次の重要課題と捉え，社内浸透・活性化活動をさらに進めることを目的に「キャラバン型」と「ワークショップ型」を併合する研修会の実施に取り組みました。その実施にあたって事務局はプロジェクト会議のメンバーと密に連携を図り，全体企画は事務局，事前準備と当日の運営は各メンバー，その運営を事務局が支援するというように役割を明確にし，機能的な体制を構築して実践しています。

　プロジェクトメンバーは，各事業部門から選抜された社員です。事務局は，プロジェクト会議で各メンバーにそれぞれの事業部門においてワークショップを開催してもらうよう依頼しました。各事業部門におけるワークショップの運営者は各メンバーになりますが，事務局はメンバーの負担をできる限り軽減し，より効率的に運営できるよう共通のプログラムと課題シートを作成して事前にメンバーに基本的な進め方を説明しています。図表6-19は事務局が作成した事業部門ごとで実施するワークショップの共通プログラムです。

　事業部門におけるワークショップの規模は，そこに所属する社員の人数によって異なりますが，多いところでも行動指針の策定で実施したワークショップとほぼ同じです（人数：20人程度，グループ数：4つ程度1グループ4〜5人程度）。ただし，このワークショップはより多くの社員が新ビジョンと行動指針を認知・理解することが目的ですので，事務局や経営幹部会が検討するようなアウトプットを出す必要はないこととし，開催も1事業部門につき1回と

時間	作業内容	担当
13：00〜13：10	はじめに	事業部門責任者
13：10〜14：00	新ビジョンと行動指針の説明 ※ビジョンブックを使用	事務局
14：00〜14：10	休憩	
14：10〜15：00	グループワーク ・自己紹介 ・新ビジョン，行動指針についてグループで議論	全員
15：00〜15：10	休憩	
15：10〜16：20	個人ワーク ・新ビジョンと行動指針に基づき，今年度の個人 　目標と私の行動指針を課題シートに記述 ・個人ワークをグループ内で発表	個人
16：20〜16：30	休憩	
16：30〜16：50	グループごとに発表	グループ
16：50〜17：00	講評	・事業部門責任者 ・事務局

図表6-19　事業部門ワークショップ共通の基本プログラム

しました。ただし，個人的に課題シートに書き込んで発表するという作業は実施しています。

　ワークショップは，前半がグループワーク，後半は個人ワークという構成ですが，グループで議論したり，参加者が個人で記述してグループ内で発表できるよう図表6-20と図表6-21の共通課題シートを配布しています。

　また，工場においては工場長等の責任者にワークショップの主旨を説明して参加者の人選を依頼する一方，プロジェクトメンバーとは別に工場に属する中堅社員の中から運営役となる担当者を選定してもらっています。事務局は，事前に共通プログラムと課題シートを使ってその担当者に進め方を説明。担当者はそれに従ってプロジェクトメンバーと同様の役割を担いました。事務局は工場に出向いてワークショップの進行役となり，担当者の当日の運営を支援しています。

新ビジョンは，私たちにとってどのような存在であるべきと思いますか？	
行動指針は，私たちにとってどのような存在であるべきと思いますか？	
新ビジョンを実現するために，私たちは何をしなければならないと思いますか？	
日々の業務の中で，XYZ社が大切にすべきことは何だと思いますか？	

図表6-20　グループワークの共通課題シート

あなた自身が業務の中でこだわりたい言葉を3～4つ挙げて下さい。※最低ひとつは新ビジョン，行動指針から選択	
日々の業務の中であなたが大切にしている（したい）ことは何ですか。	
上の2つで記述した内容を使って文章にしてみて下さい。	

今年度の私の目標	
今年度の私の行動指針	

図表6-21　個人ワークの共通課題シート

「部門における研修，ワークショップ」は，途中コロナ禍もあり対面での
ワークショップが実施できない期間もありましたが，その場合はオンラインシ
ステムを活用してワークショップを実施しています。こうして事務局は，通常
業務をこなすかたわら，他の活動施策を実施しながら，予定していたすべての
事業部門及び工場でのワークショップをひととおり終えました。

　XYZ社では，新ビジョンと行動指針の浸透・定着だけでなく，それに基づ
く「行動化」を実現するにはこうした研修やワークショップを繰り返し実施す
る必要があると認識し，事務局が中心となって今後の施策を企画し実施を検討
しています。

プロジェクトサイトを立ち上げて社内情報を受発信

イントラにおける「NVプロジェクトサイト」の立ち上げ

　NVプロジェクトを進める中で，XYZ社には事業部間で情報を共有すること
があまりなく，他の事業部が何をしているか分からない状況であることが浮き
彫りになりました。また，事業部が異なる社員同士の交流も少なく，ひとつの
企業でありながら自社のことやお互いのことをよく知らない社員も多いという
状況も判明しました。事務局が社内調査を実施したところ以下のような意見が
寄せられています。

- 他の事業部門のことを知りたい。
- 他の事業部門の社員のことを知りたい。
- いろいろな人と交流したい。
- 自社の製品や技術等を知りたい。
- 世の中の動きをもっと知りたい。

　こうした現状の改善を図るため，NVプロジェクトの活動のひとつとしてイ
ントラでの「NVプロジェクトサイト」の立ち上げに取り組みました。

　イントラは社内コミュニケーションツールとして，多くの企業が活用してい
ます。しかし，XYZ社にはそのシステムはありましたが活用されておらず，
社内報的な目的でのプロジェクトサイトはゼロからの立ち上げになります。こ

うしたサイトをイントラに立ち上げることはさほど難しいことではありません
が，立ち上げた後が大変です。社内情報を収集して整理し，それを社内報のよ
うに編集して発信する仕組みとそれを実施する人的パワーがなければ継続する
ことはできません。その立ち上げにあたって事務局は，いきなりその仕組みや
体制を構築するのではなく，暫定的に社内情報を発信しながら様子を見ること
としました。まずはトップマネジメントを取材して新ビジョンや行動指針に対
する思いを語ってもらい，それをイントラに掲載しました。その一方で，プロ
ジェクト会議でメンバーにそれぞれの事業部門における情報の収集を依頼し，
そこから挙げられる情報をイントラに掲載して社内に発信するということを何
度か実施しました。

社内情報を受発信する仕組みの構築

　社内情報を発信し続けていくうちに，他の事業部や他の社員に対する社員の
関心が徐々に高まり，事業部門から様々な情報が事務局に寄せられるようにな
りました。発信できる情報があることを認識した事務局は，プロジェクトへの
社員の関心をより高めるために既存のイントラに「NVプロジェクトサイト」
を立ち上げ，社内情報をオンラインで閲覧できるようにしました。いわゆるデ
ジタル社内報です。それを定期的に発信できるようにするために事務局は，ラ
ンダムな情報発信にならないよう，寄せられた情報の内容を精査して「人」
「職場」「製品」「全社」「イベント」という5つの情報カテゴリーを設定。事業
部門には，それぞれのカテゴリーに合った情報があれば都度上げてもらうよう
依頼する等，情報を収集できるよう仕組み作りに取り組みました。
　一方，事業部門から情報が送られてくるのを待つだけでなく，事務局が事業
部を訪問したりオンラインシステムを活用して継続的な取材を実施。編集にあ
たっては外部のライターやウェブスタッフを利用して，事務局の作業的な負担
を減らしています。こうしているうちに社内情報を収集し発信する仕組みがで
き上がっていきます。事務局は，イントラを活用した社内報を定着させるため
に，5つの情報カテゴリーを巡回しながら「NVプロジェクトサイト」に社内
情報を毎週上げる方針を打ち出しました。また，サイトへのアクセス状況を把

握するシステムも導入しています。さらに，業務の中でパソコンを扱いにくい社員を想定し，社内報のデータを事業所や工場の事務担当者に送付して現場でプリントアウトして配布，あるいは掲示板に貼付できるようにしました。

「NVプロジェジェクトサイト」の導入効果

「NVプロジェクトサイト」の導入により，社員は他の事業部の動きや取り組みだけでなく，事業部門の異なる社員を知ることができるようになりました。さらに，他の事業部の取り組みを自分の事業部でも取り入れてみたいという理由で事業部間の情報交換が行われたり，社員同士の交流が生まれたりするようにもなっています。さらに，社員が自社のことや他の事業部あるいは他の社員にも関心を持つようになったり，情報を発信できる手段ができたことによって事業部門が自主的に様々な情報を発信するようになりました。多くの企業にとって社内報やイントラは当たり前のツールかもしれませんが，XYZ社では「NVプロジェクトサイト」が，社内コミュニケーションの円滑化や組織活性化に大きく寄与するようになっているのです。事業部門が自発的に情報を発信するだけでなく，社内情報を共有することから様々な活動が行われるようになっていることは，インターナル・ブランディングの「行動化」のひとつであると言えます。

XYZ社の社内浸透・活性化活動（インターナル・ブランディング）の特徴

XYZ社の社内浸透・活性化活動（インターナル・ブランディング）を推進する事務局の中でも，中心的な役割を担っているのはコーポレートコミュニケーション部です。同部は通常の業務をこなしながら新ビジョンと行動指針の社内浸透，社内活性化に向けた活動を兼務で実施しているわけですが，限られた人的パワーでその活動を効率的に推進している同社の特徴として次の点が挙げられます。

活動計画の作成と推進体制の構築

- 事業部門と連携できるプロジェクト会議体制を構築したこと。
- プロジェクトのロードマップを作成して計画的に活動を進めていること。

ツールの活用

- ビジョンブックやパネル等で「見える化」を徹底したこと。
- プロジェクトサイトを立ち上げ，社内の情報共有や交流機会を高めたこと。
- プロジェクトを「New Valueプロジェクト」と命名し，その通称である「NVプロジェクト」をあらゆる場面で活用して活動の社内認知を高めていること。

社員の参加・体験機会の創出

- 事業部門や工場でキャラバン及びワークショップを実施し，より多くの社員がプロジェクトに参加し体験できる機会を設定したこと。
- 実施した活動を具体的に見える形で社員にフィードバックしていること。

トップマネジメントのバックアップ

- 社長がプロジェクトの最終責任者となっていること。
- 社長自らが活動に参加しコミットメントを示していること。
- プロジェクトコミッティを創設してトップマネジメントを巻き込んでいること。

　プロジェクトのロードマップで策定した活動の施策がすべて実行されているわけではありませんが，XYZ社ではその後も事務局が中心となって事業部門の現場における活動に関する情報の受発信をする一方，社員が参加し体験できる機会を継続的に企画し実施しています。それによって新ビジョンと行動指針のさらなる浸透施策に取り組み，社内コミュニケーションの円滑化を図りながら社内活性化を推進しています。

第 **7** 章

インターナル・ブランディング
の応用

　インターナル・ブランディングは「ブランドの'考え方'」の社内浸透とブランドを基軸に社内活性化を推進する取り組みですが，それを事業計画や事業方針の策定，あるいは業務活動の指針策定等に応用することができます。本章ではブランディングへの取り組みを契機とし，インターナル・ブランディングを応用して事業活動の指針策定等に取り組んだ事例を紹介します。なお，本章で紹介する課題シート等は分かりやすくするために加工しており，実際に使用したものとは異なっています。

インターナル・ブランディングの基本ステップと事業戦略

　インターナル・ブランディングは「見える化」「自分ゴト化」「行動化」という３つの基本ステップを経て，企業体質の強化やあるべき姿の実現，ブランド・アイデンティティの構築といった最終目的の実現を目指すと説明しました。この基本ステップはインターナル・ブランディングにとどまらず，様々な事業戦略展開に当てはめて考えることができます。

　事業戦略の立案や実践にあたっては，どのような成長戦略を描くのか，あるいはどのようなポジショニングによって競争優位の獲得を目指すのかといった事業ビジョンを明確にしなければなりません。また，顧客や社会に貢献するために何をすべきかといった事業ミッションを明確にすることもあるでしょう。

　これらは企業にとって機密性の高いものなので誰に対してどこまで「見える化」するかは慎重に検討する必要がありますが，事業戦略における「見える化」の対象となるものであると言えます。「見える化」するかどうかは別として，事業ビジョンが明確になるとそれに基づいて事業計画と事業方針が策定されます。その策定方法や内容は企業によって異なりますが，一般的には「何を（what）」，「いつ（when）」，「どこから（where）」着手し，「誰が（who）」「いつまでに（when）」「どのように（how）」実施するのかといったことがそこに盛り込まれていることが見られます。これをインターナル・ブランディングに当てはめると，「自分ゴト化」のステップにおいて検討し実施することと似ています。

　さらに事業計画や方針の中で「目標（goal）」や「期待すべき成果（performance）」を定めて具体的な事業活動を実施し事業目的の達成やあるべき姿の実現を目指すことになりますが，これは「自分ゴト化」のステップを経た後の「行動化」に当てはめて考えることができます。

≪事業戦略≫

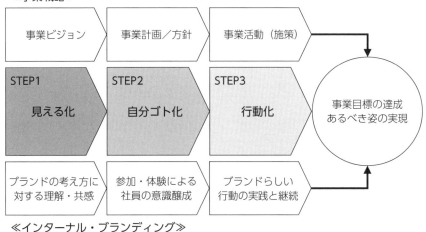

図表7-1　事業戦略とインターナル・ブランディング

　図表7-1で分かるように，事業活動の実践においてもインターナル・ブランディングと同様，最初に事業ビジョン（目指す姿／あるべき姿）を明確にして示すこと（見える化）が重要です。それがその後に続く事業計画や方針，そして事業活動の拠り所となるからです。

　事業戦略は，事業環境，自社の強みや弱み，経営資源等を考慮して慎重に立案されますが，ひとつの事業戦略を立案するにあたっては戦略仮説の立案が行われます。それは，置かれた事業環境の中で「このような方針でこのような手を打てば期待する成果を上げられるであろう」という仮説を立てることです。

　戦略仮説はひとつではありませんが，企業はより効率的かつ効果的に事業活動ができるよう，考えうる様々な戦略仮説から最善と考えられるものを選択しなければなりません。ひとつの仮説を立てると，それに基づいて戦略のシナリオやストーリーを描くことが必要です。戦略仮説を立てるために整理しておいたほうがいいと考えられることの例を図表7-2に示しています。

		内容	戦略仮説A	戦略仮説B	戦略仮説C
事業ビジョン		・どのような成長戦略を描くか ・どのようなポジショニングで競争優位の獲得を目指すか			
事業ミッション		顧客価値のために何をするべきか			
個別戦略と方針	市場	市場の開拓，強化，拡大にどのような目的，視点，方針でどう取り組むか			
	顧客	顧客の開拓，強化，拡大にどのような目的，視点，方針でどう取り組むか			
	製品	製品（商品／サービス）の企画，開発，強化にどのような目的，視点，方針でどう取り組むか			
具体的施策		各戦略の実践に向けどのような手を打つか			
実施体制		社内組織，制度をどのように整備するか			

図表7-2　戦略仮説策定の基本的な項目例

　この図表7-2にある戦略仮説A，B，Cのそれぞれには異なる事業ビジョン・事業ミッションや個別戦略・方針等を設定することができますが，部分的に共通する場合もあるかもしれません。例えば，事業ビジョンとミッションは同じだが，個別戦略と方針は異なるといったことは十分にあり得ます。目指すところを見定め，それを実現するためにどう戦うかを描くことが戦略仮説であると言えます。図表7-2はA，B，Cという3つの戦略仮説の図になっていますが，それ以上も考えられます。経営資源の状況に鑑みて立案する戦略仮説はあらゆる可能性を検討し複数案考え，そこからひとつに絞り込まなければな

りません。また，その仮説に基づいて活動の実施に取り組んだとしても，無理があると判断したならば修正や見直しすることも必要です。

　戦略仮説の策定にあたっては，実際は売上や利益といった数値目標等と融合させて考える必要がありますし，図表7-2のように単純なものではありません。本書は事業戦略の立案方法を説明するものではありませんし，それについては企業の中に専門部署があったり専門家もたくさんいますので，項目を例示するにとどめておきたいと思います。

　以下では，インターナル・ブランディングを応用して「中期事業計画の策定」（応用事例Ⅰ），「事業活動の推進体制構築」（応用事例Ⅱ），「部署ごとの業務指針の策定」（応用事例Ⅲ）に展開した事例を紹介します。

応用事例Ⅰ：中期事業計画を策定した 住宅設備機器メーカーＤ社

　Ｄ社は4つの事業部で構成される中堅の施設・住宅設備機器メーカーです（社員数：約600人）。同社は，これからの市場変化の動向を見据え独自のアイデンティティを構築することで差別化を図るとともに，社員の意識変革を促すために社名を変更。それに伴い新たなコーポレートブランドを導入しました。

　企業が社名やコーポレートブランドを刷新する理由としては，時代に合わなくなったからとかイメージ刷新のためということがありますが，経営や事業に関する戦略の転換がその理由となることも考えられます。その場合，なぜそうした変更を実施したのかについての理由をきちんと社内外に説明できなければなりません。Ｄ社は先述のように新たなアイデンティティの構築のために社名変更を実施したわけですが，その新社名と新しいコーポレートブランド導入に伴い，ブランドを拠り所とする社内の価値観や方向性の共有化と社内のベクトル合わせをするためにインターナル・ブランディングに取り組みました。

　その取り組みにあたっては，実施対象を「事業本部責任者」「現場部門責任者」「一般社員」という3つのレベルに分け，それぞれに図表7-3の内容と要領でワークショップを実施しています。

	対象	目的	進め方	実施時期	アウトプット／期待成果
レベル1	事業本部責任者 ・事業本部長 ・事業副本部長	「ブランドの '考え方」に基づく現状を検証するとともに事業ビジョン，事業計画の策定に向けた基盤をつくる	【1回目】 ワークショップの概要の説明とコンセプトに基づく現状の検証 ※次回に向け課題シートを提示 【2回目】 課題シートの内容の共有化と精緻化 ※次回に向け課題シートを提示 【3回目】 課題シートの内容の共有化と精緻化	6月中旬〜7月中旬に3回 （1回1〜2時間）	各事業部門が今後検討すべき課題あるいは取り組むべき具体的施策
レベル2	現場部門責任者 ・支店長 ・部門長	「ブランドの '考え方」に基づく，全社共通の行動指針を策定する	【1回目】 考え方の理解とそれに基づく現状の検証と今後の対策の議論 【2回目】 行動指針の案出① 【3回目】 行動指針の案出② 【4回目】 行動指針の確認	7月〜8月に実施 （1回2時間）	行動指針
レベル3	一般社員	「ブランドの '考え方」の認識を高め，ブランディング活動の意図を理解する	事務局よりブランディング活動の意義及び意味の説明（キャラバン）	7月〜9月国内5〜6ヵ所	「ブランドの '考え方」の認識とブランディング活動の意図を理解

図表7-3　D社の対象レベル別インターナル・ブランディングの取り組み

　図表7-3を見て分かるように，レベル2は「ブランドの '考え方」の社内浸透を目的とし，ワークショップで行動指針を策定するインターナル・ブランディングです。その進め方や具体的な取り組みは第6章で紹介した実践事例と類似する点が多々あるのでここでは言及せず，インターナル・ブランディングを事業計画の策定に応用したレベル1の取り組みを紹介します。

　D社ではインターナル・ブランディングの一環として，レベル1において各

事業部の責任者（経営幹部）を対象とするワークショップを実施しました。その目的は，新たに導入した「ブランドの'考え方'」に基づいて各事業部責任者が現状を検証し，今後の事業ビジョンや事業計画を策定するための基盤をつくることです。ワークショップで今後に向けて検討すべき課題と取り組むべき具体的施策案を考え，経営会議で各人に発表することにしました。

　事業ビジョンや事業計画等は多くの企業が策定しますが，ブランドという視点からそれらを議論することはあまりないことでしょう。しかし，Ｄ社は社内が'ブランド'という旗印を共有してひとつにまとまりやすい状況を活かし，インターナル・ブランディングの中でその策定に取り組んだわけです。

事業環境の把握と事業目標の確認

　レベル１のワークショップでは，参加した事業本部責任者は事前にＤ社がおかれた事業環境の把握と事業目標の確認を行っています。それを前提に図表７-４に示した「課題シート①」を使ってこれまでの事業検証を行い，今後の事業の在り方を検討しました。

　「課題シート①」（図表７-４）の左端の縦の欄は，事業課題として事前に挙げられた項目を整理したものです。上部の横の欄は，今後の方針や具体的な施策について検討すべき視点です。したがって，例えば左上の空欄は「提案力強化のために，今後新たに取り組むべきこと」となり，それを検討し考えることになります。こうして各事業部責任者は，担当する事業部についてそれぞれの項目を記入しています。

　記入した後は，各項目の重要度（重要かそうでもないのか）」と「着手可能性（すぐに取り組むことができるのか難しいのか）」を整理しなければなりません。「課題シート②」（図表７-５）はそれを実施するためのものです。図表７-５は，第５章で示した図表５-10と考え方は同じで，「重要度」と「着手可能性」の２軸のマトリクスとなっていますが，それぞれ「優先度」と「実施可能性」等と言葉を使うこともできます。図表７-５の左上「Ⅰ」は「重要度が高く，すぐに取り組める項目」となり，右上「Ⅱ」は「重要度は高いが，すぐに取り組めない項目」。同様に，左下「Ⅲ」は「すぐに取り組めるが，重要度

	今後新たに取り組むべきこと	今後はやめた方が良いこと	今後さらに強化した方が良いこと
提案力強化のために			
商品力やサービス力を強化するために			
社員／スタッフ育成のために			
社員の働き方を変えるために			
業務効率を高めるために			
あなた自身の行動や考え方を変えるために			

図表7-4　課題シート①

は高くない項目」で，右下「Ⅳ」は「重要度は高くなく，すぐに取り組めない項目」です。最初に取り組みを検討するのは「Ⅰ」であり，「Ⅳ」は最後となります。「Ⅱ」と「Ⅲ」については内容に応じて取り組みを検討すればいいのですが，やはりまず「Ⅱ」にフォーカスして，重要と認識しているにもかかわらず取り組みにくいとするならば，なぜそうなのかという要因を分析し明確にしておいたほうがいいでしょう。

具体的なスケジュールに落とし込む

　検討項目の優先順位を整理した後は，「課題シート③」（図表7-6）にあるように，「Ⅰ」「Ⅱ」「Ⅲ」の各項目について「何を（what）」「いつ／どこから（when／where）」「どのように（how）」「いつまでに（goal）」「誰が（who）」実施するのかについて可能な範囲で記入します。こうしてでき上る表は，今後の短期あるいは中長期の事業計画や方針を策定するための基礎として活用する

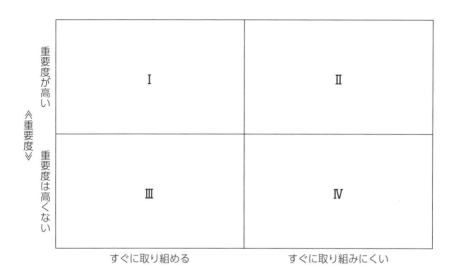

図表7-5　課題シート②

	What 取り組み施策 （何を）	When／Where 着手点／時期 （どこ・いつから）	How 体制・手段 （どのように）	Goal 目標 （いつまでに）	Who 推進責任者 （誰が）	優先度
Ⅰ 重要度が高く， すぐに 取り組める						
Ⅱ 重要度は高い が，すぐには 取り組めない						
Ⅲ すぐに取り組 めるが，重要 度は高くない						

図表7-6　課題シート③

	今後新たに取り組むべきこと	今後はやめた方が良いこと	今後さらに強化した方が良いこと
提案力強化のために	① ターゲット市場の開拓（他部門と連携） ② 協力業者との提携またはM&A（体制の構築） ③ 営業マンのプレゼン力強化	① 個人の裁量に任せた営業スタイル ② 御用聞き営業（待ちの営業） ③ 受注獲得のための低価格提案	① 提案営業スタイル ② ターゲット想定型営業の強化 ③ ファイナンス提案 ④ 新市場への対応（体制づくり）
商品力やサービス力を強化するために	① 商品導入基準の設定 ② 購買部との連携強化（良いものをより安く） ③ トレンドや新技術を導入した商品の採用	① 既存市場への高依存体質 ② 個人が行っている見積段階での価格交渉 ③ 事業部署で異なる商品の仕入れ	① 本業とWEB事業との連動（事業内容の周知・商品案内・事業案内） ② B to C事業領域の業容拡大 ③ マーケティング強化による多様化する顧客ニーズへの対応
社員／スタッフ育成のために	① 営業，センター人員へのモバイル端末の導入 ② 他事業部門との人事交流 ③ 資格取得の推進（勉強会等実施）		① 新入社員教育の充実（ガイドブックの作成）
社員の働き方を変えるために	① 男女問わず成果主義による管理職登用を推進 ② スマートな働き方（IT端末等の導入） ③ 快適で機能的な職場環境づくり	① 年功序列的職場の払拭	① 情報の共有化（情報のタイムリーな水平展開）
業務効率を高めるために	① 新たな商品在庫管理システムの構築（ICタグ・iPadの導入） ② 営業・センターとの同居	① 過去の経験値からの経営予測 ② アナログな在庫管理方法 ③ 紙ベースの帳票類	① 全国の在庫情報の共有化 ② 営業管理でのルート得意先の対応
あなた自身の行動や考え方を変えるために	① 自身をデジタル化（モバイル端末の利用含め） ② 若手社員の意見も聞き事業部の真の問題点を把握	① 経験値をベースに話をすること ② 従来の価値観や仕事の仕方へのこだわり	① マーケティングによる的確な事業方針の発信 ② データを活用した精度の高い現状把握 ③ 他事業部門との連携で視野を広げる

図表7-7　D社のある事業部の責任者が記入した課題シート①

ことができます。

　図表7-6の右端に「優先度」とありますが，ここには各事業部の責任者は担当する事業部の状況の中で，担当する事業部の各項目の優先度を評価します。D社では優先度を「1から4」（1が高い）を設定して各項目を評価しています。

　こうしてD社では，事業部責任者がレベル1のワークショップの中で，担当する事業の方針や具体的施策について課題シートをすべて記入し，各責任者が

	取組み施策 (何を)	どこ (いつ) から	どのように	ゴール (期待効果)	推進責任者 (誰が)	優先度
I 重要度が高く，すぐに取り組める	・新入社員教育の充実（ガイドブックの作成）	○年度上期	・基本ガイドブックの作成 （今年度新入社員研修実績）	来年度下期完成	管理部	1
	・ターゲット市場の開拓（他部門と連携） ・ファイナンス業務強化	○年度下期	・営業ターゲットと商品の設定 ・営業体制の構築 ・目標数値の設定	来年度以降	事業所長 事業推進部	1
	商品導入基準の設定	○年度下期	・導入基準指針の策定	来年度以降	商品開発部	1
	WEB展開の強化	○年度下期	・会社HPの刷新，イメージアップ ・新会社名のWEBでの告知 ・基本運用システムの改定 ・B to B向けサイトの構築	来年度以降	商品開発部	1
	・営業，センター人員へのモバイル端末の導入 ・新たな商品在庫管理システムの構築（ICタグ・iPadの導入） ・全国の在庫情報の共有化	来年度以降	・生産購買物流と連携し新たな在庫管理システムを構築	来年度以降	管理部 購買物流部 商品開発部	1
II 重要度は高いが，すぐには取り組めない	営業・センターとの同居	来年度以降	・センター内に営業所開設	再来年度以降	管理部 購買物流部 事業所長	3
	他事業部門との人事交流	来年度以降	・支店長クラス育成のための配置換え，事業部門替え	再来年度以降	事業推進部 他事業本部	2
	設備業者との連携またはM&A	来年度以降	・業務提携またはM&Aに向けての情報収集	再来年度以降	事業推進部 経営企画室	4

図表7-8　D社のある事業部の責任者が記入した課題シート③

一人ひとりシートを使って記入内容を経営会議で発表しました。図表7-7及び図表7-8はD社のある事業部の責任者が課題シート①及び課題シート③を使って発表した内容です。

　D社ではそれまで，各事業部責任者が単年度の事業計画あるいは3ヵ年中期の事業計画をそれぞれに策定し，それを経営企画部等がまとめて全社としての単年度事業計画や3ヵ年中期経営計画にまとめていました。

　しかし，新社名，新ブランドの導入ということもあり，経営会議の場でワークショップを開催し，ブランドを拠り所に同じ価値観，方向性を共有した上で，各事業部の責任者が他の経営幹部の前で担当する事業部の方針を発表するというやり方を取り入れました。ワークショップには社長も参加しましたが，各事業部責任者はこうしたやり方をしたことがなかったので，最初は戸惑いが見られました。実際，図表7-7や7-8の記入内容はまだまだ抽象的な表現や曖昧な点が多々見られますし，発表に対して社長や他の経営幹部からも「それはどういう意味か」といったことや「それは実際にできるのか」といったことが質問されました。

　しかし，こうしたプロセスを経て事業部責任者が発表内容に対する責任をあらためて自覚し，その実現性を慎重に検討するようになりました。ワークショップでの発表を踏まえてD社では最終的に，より具体的な事業計画や事業方針を策定するに至っていますが，他の事業部責任者の発表内容を共有し意見交換することが，その策定の精度を高めることに役立っています。

応用事例Ⅱ：事業活動の推進体制の構築に取り組んだ　　アパレルメーカーE社

　E社は小規模のアパレルメーカー（社員数：約50人）です。同社は，ある程度の売上規模までは社長の独自の経営感覚で事業を展開してきましたが，事業規模が大きくなり社員が増えてくるに従い，社長はそれまでのやり方に限界を感じ始めていました。

　同社にはアパレル製品ブランドがいくつかありましたが，業界内においてコーポレートブランドはほとんど認知されていませんでした。今後，製品カテゴリーを広げるとともに新たな事業を展開する上で，社長はコーポレートブランドの認知を高めてアイデンティティを構築する必要性を感じ，コーポレートブランディングに取り組みました。

　現状把握の調査を進めていく中で，営業活動や商品企画等の方針が曖昧で，推進体制も脆弱である等，事業活動に関する様々な課題が明確になってきました。営業責任者は，社長から与えられた数値目標に基づいて単年度の売上や利益目標は個別に立て顧客管理もしていましたが，期待された成果につながっていませんでした。一方，社内では営業スタッフと企画スタッフのコミュニケーションがスムーズに行われていないことも判明しました。E社では社長がほとんどすべての活動に対して指示を出し，社員はそれに従って業務活動を実施してきたので自主性に欠けていたのです。ワンマン経営の場合，こうしたことはよくあることかもしれません。

　E社のコーポレートブランディングでは，戦略的ポジショニングの実現に向けたブランドビジョンが策定されました。そのビジョンと今後の方向性の社内浸透に向けてインターナル・ブランディングを実施する一方，その一環で営業責任者や企画責任者を中心とする「ブランド強化ミーティング」を開催し，事業活動の体制構築と企業体質の改善に取り組みました。

　「ブランド強化ミーティング」には，営業部次長，課長と課員（2名），企画部課長，販売促進課長と管理部課員の7名が参加しました。そこでは戦略的ポ

ジショニングとブランドビジョンを確認する一方，事業インフラの構築に向けた議論を重ね，今後の「検討課題」として次の5項目が抽出されました。

　① 営業・販売力強化の基本方針の策定

　② 営業部と企画部のコミュニケーションの推進

　③ 新規開拓の基本方針の策定

　④ 販売促進の基本方針の策定

　⑤ 顧客フォロー体制の構築

　抽出された5つの課題に対しそれぞれの担当責任者が任命されましたが，E社においてはワークショップ形式ではなく，事前に図表7-9と図表7-10の課題シートを配布して責任者が記入し「ブランド強化ミーティング」で発表するという形式をとりました。1回当たり2時間のミーティングを2回実施しています。

　参加メンバーは，全社的な視点で体系的に事業計画や方針を策定した経験がなく，課題シートに何を記入していいかについて戸惑いがみられました。しかし，社長が記入方法を説明し参加者で議論しながら最終的には5つの検討課題についての担当責任者が，それぞれの課題シートを記入しています。そのうち，「①営業・販売計画の策定」と「②新規開拓計画の策定」に関する課題シートのアウトプットは図表7-11〜7-14のようなものです。

検討課題（1〜5）		
目的		
開始時期		
実行責任者		
体制	実施体制の組織図	責任者の役割
		担当者①の役割
		担当者②の役割
		担当者③の役割

図表7−9　E社の課題シート①

具体的施策	留意点		
	考えられる施策	施策項目	項目の概要
	進捗確認方法		
着手／作業手順			

図表7−10　E社の課題シート②

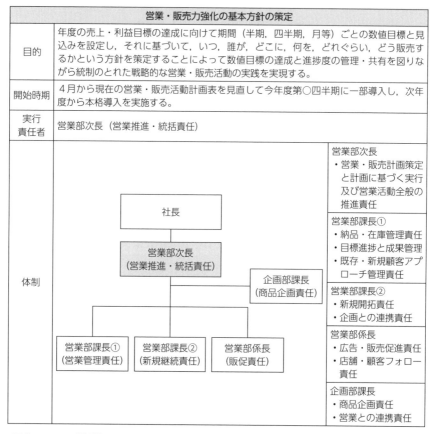

営業・販売力強化の基本方針の策定	
目的	年度の売上・利益目標の達成に向けて期間（半期，四半期，月等）ごとの数値目標と見込みを設定し，それに基づいて，いつ，誰が，どこに，何を，どれぐらい，どう販売するかという方針を策定することによって数値目標の達成と進捗度の管理・共有を図りながら統制のとれた戦略的な営業・販売活動の実践を実現する。
開始時期	4月から現在の営業・販売活動計画表を見直して今年度第○四半期に一部導入し，次年度から本格導入を実施する。
実行責任者	営業部次長（営業推進・統括責任）

図表7-11 「営業・販売力強化の基本方針の策定」に関する課題シート①への記入

具体的施策	留意点	数値目標に基づき，いつ，誰が，どこに，何を，どれぐらい，どう販売するかを明確にする	
	考えられる施策	営業販売計画策定会議の実施	期間ごとの数値目標を設定し営業・販売政策を策定する
		展示会前勉強会の実施	何に重点を置きどういうテーマで顧客にアプローチするか勉強する
		営業・企画会議の実施	商品提案力を高めるために営業，企画の会議を行う
		受注・納品時期の明確化	受注タイミングと納品時期を確認する時期を明確にする
		展示会フォロー時期と内容の明確化	展示会後いつ誰がどうフォローするかを明確にする
		顧客・店舗フォロー時期と内容の明確化	通常業務の中でいつ誰がどうフォローするかを明確にする
		展示会以外の営業・販売時期と内容の明確化	展示会以外の営業活動をいつどう実施するかを明確にする
		販促・広告計画，新規開拓計画内容の示唆	それぞれの責任者に計画内容を示唆する
		各会議内容の議事録・報告書の作成	議事録，報告書の作成を慣例化する
		売上及び利益の推移を確認する時期の明確化	売上及び利益の推移を確認する時期を明確にする
		アイテム，ブランド，顧客，期間等別の数値分析	それぞれの数値実態を分析し今後の対策へとつなげる
		対前年，経年の数値実態の明確化	それぞれの数値実態を明確にして傾向を知る
	進捗管理法	・年2回：営業・販売計画策定会議（年2回社長を含めた役職者で） ・年5回：展示会前勉強会（展示会前に営業・企画スタッフで） ・月1回：営業会議（営業スタッフ） ・月1回：営業・企画会議（営業，企画スタッフ） ・週1回：営業ミーティング（営業スタッフ）	
着手／作業手順		1．現行の営業販売活動計画の見直し（改善点の洗い出し） 2．期間（年，半期，四半期，月等）の数値目標の設定 3．既存及び見込み顧客の洗い出しと実績確認 4．既存及び見込み顧客を想定した営業・販売政策の策定（いつ，誰が，どこに，何を，どれぐらい，どう販売するか） 5．広告・販促計画の確認 6．新規開拓計画の確認	

図表7-12 「営業・販売力強化の基本方針の策定」に関する課題シート②への記入

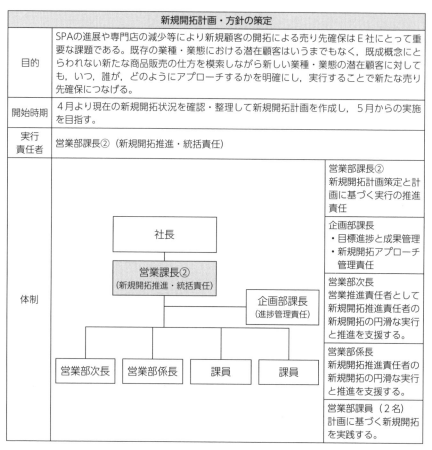

新規開拓計画・方針の策定	
目的	SPAの進展や専門店の減少等により新規顧客の開拓による売り先確保はE社にとって重要な課題である。既存の業種・業態における潜在顧客はいうまでもなく，既成概念にとらわれない新たな商品販売の仕方を模索しながら新しい業種・業態の潜在顧客に対しても，いつ，誰が，どのようにアプローチするかを明確にし，実行することで新たな売り先確保につなげる。
開始時期	4月より現在の新規開拓状況を確認・整理して新規開拓計画を作成し，5月からの実施を目指す。
実行責任者	営業部課長②（新規開拓推進・統括責任）
体制	

図表7-13　E社の「新規開拓計画／方針の策定」に関する課題シート①への記入

具体的施策	留意点	誰が，いつ，どこに，どのようにアプローチするかを明確にする。	
	考えられる施策	新規管理表の作成とデータベース化	新規開拓の進捗，成果等を共有できる資料を作成しDB（データベース）化する
		新規開拓勉強会の実施	どこにどのようにアプローチすべきか，できるかについて議論する場を持つ
		新規開拓時のアプローチツールの作成	会社やブランドを効率的かつ印象的に説明するツールを作成する
		既存の業種・業態の整理	これまでにアプローチした業種・業態を洗い出し整理する
		既存の業種・業態のおける潜在顧客洗い出し	これまでにアプローチした潜在顧客を洗い出し整理する
		新規の業種・業態の洗い出しと整理	これまでに想定しなかった業種・業態を洗い出し整理する
		新規業種・業態の潜在顧客の洗い出しと整理	これまでに想定しなかった潜在顧客を洗い出し整理する
		新規開拓アプローチアイデア募集	どのような先にどのような売り方ができるかについて社内アイデアを公募する
		新規開拓アプローチ社内報告会の実施	アプローチを社内報告し情報の共有化を図る
	会議／ミーティング	・月1回：営業進捗会議（営業スタッフ） ・月1回：新規開拓勉強会（営業スタッフ） ・週1回：営業ミーティング（営業スタッフ）	
着手／作業手順		1．これまでの新規開拓活動の確認と整理 2．既存の業種・業態及びそこにおける潜在顧客の洗い出し 3．新規の業種・業態及びそこにおける潜在顧客の洗い出し 4．新規開拓計画の策定 5．新規開拓勉強会の実施	

図表7-14　E社の「新規開拓計画／方針の策定」に関する課題シート②への記入

　E社の事例で分かるように，各部門の責任者であったとしてもこのような計画や方針を体系的に立てた経験のないことはよくあります。しかし，日常の業務をしっかりと遂行している社員であれば，しっかりと考える機会を設定し何を考えればよいかを指示することで事業計画や方針を策定することはできます。これはインターナル・ブランディングのワークショップにおいて，行動指針を策定する場合にも言えることです。大切なことはビジョンや価値観，あるいは今後の方向性や方針を明確に示して共有し，それに基づいて業務と照らし合わせながら考えることができるようにすることです。

応用事例Ⅲ：部署ごとの業務指針を策定した　　　　　食品メーカーＦ社

　最後に，インターナル・ブランディングを応用して，部署ごとの単年度の「業務指針」を策定したＦ社の事例を紹介しましょう。Ｆ社は大手食品メーカーの企業グループに属する，中堅の食品メーカー（社員数：約120名）です。

　大手企業のグループ企業の場合，親会社の理念や行動指針を共有するケースと，独自のものを持つケースがあります。Ｆ社は親会社の理念を共有していますが，独自のアイデンティティを確立することを目的とするコーポレートブランディングに取り組み，自社ブランドのビジョンを明確にして「ブランドプロミス」を策定しました。そして，「ブランドプロミス」の社内浸透を図るためにインターナル・ブランディングに取り組みました。

　その一環で実施したのがＦ社独自の指針の策定です。行動指針は親会社のものを共有していましたが，その内容はグループ企業に共通のもので汎用性が高く，日々の業務の指針となりにくいということから，独自の指針を策定しようとしたわけです。ただ，その指針を「行動指針」と呼ぶと親会社のものと混同されてしまうので，Ｆ社では親会社の行動指針と区別するために「業務指針」として策定することにしました。

　親会社の理念や行動指針を共有しながらも，グループ企業が独自の理念や指針を持つ場合，その位置づけを体系的に整理しておく必要があります。Ｆ社では図表７-15のような理念体系を構築し，それぞれの位置づけを明確にしています。

　グループ共通となる親会社の企業理念と行動指針を上位に配置し，ブランドプロミス，業務指針，業務目標を自社独自のものとして位置づけています。

　企業理念と行動指針は企業レベルでの考え方であり，業務指針は社員が日々の業務の中で意識する社員レベルのものとなっています。また，ブランドプロミスは社内外に対するものであり，企業と社員の両レベルにとっての考え方及び行動の拠り所として位置づけていることが分かります。

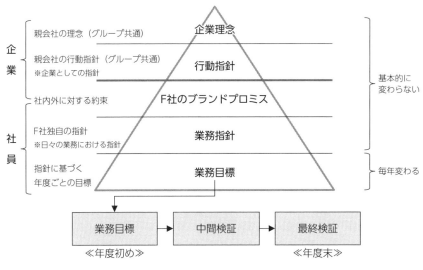

図表7-15　F社の理念体系

　さらに，策定した業務指針に基づく活動を実践するために，部署ごとで年度初めに業務目標を設定し，年度末にはその目標の実施状況を検証するという仕組みを取り入れました。同社が策定した業務指針と設定した業務目標についてその概要を紹介しておきましょう。

F社のインターナル・ブランディングにおける
業務指針の策定ワークショップ

　F社には，生産部，企画部，開発部，営業部，管理部という5つの部署があります。各部署から4名程度，合計約20名の中堅から若手社員が参加し，3回（1回当たり3時間）のワークショップを実施しました。このワークショップは部署ごとの業務指針を出すことが目的なので，チームは同じ部署の社員としています。新たに導入した「ブランドプロミス」に基づいて各部署がそれぞれの業務指針を議論し，最終的に次の図表7-16のとおり業務指針が策定されました。

生産部	品質に妥協せず，友達や家族に自信をもって勧められる商品づくりを実践する。
	モノづくりのスペシャリストとして現場主義にこだわり，おいしさをつくり続ける。
	現状に満足せず，新しい視点と発想で，安心して選ばれる商品づくりに取り組む。
企画部	固定概念や常識にとらわれず，考察，仮説，検証で商品企画を実践する。
	多彩なツールで作り手の想いを発信し，お客様との商品価値の共有に努める。
	人に '優しく，楽しく，嬉しい' パッケージ開発と提案に創意工夫する。
開発部	「こんなの欲しかった」という商品開発に向け，世の中に広くアンテナを張る。
	素材や製法にこだわり，ときめきとサプライズある味づくりを追求する。
	「おいしさの発見」と「健康のサポート」に役立てるという視点での商品を追求する。
	関係部署との連携のもと，効率性を考慮し顧客満足の高い商品設計に努める。
営業部	商品への思いと価値を伝え，より多くの人に食べてもらえる機会提案と場の創出に努める。
	新鮮な情報の収集とタイムリーな発信に努め，関係部署との緊密な連携を図る。
	会社の顔として，適切な身だしなみ，明るい挨拶，テキパキした行動を実践する。
	お客様の声に真摯に耳を傾け，問題や課題には誠意と目的をもって迅速に対応する。
管理部	他部署のサポート役として，働きやすい職場づくりに努める。
	法令や社内の諸規程に基づき，日々の業務を正確かつ迅速に実践する。
	お客様に明るく丁寧に対応し，信頼され好感を持ってもらえる印象づくりに努める。
	情報を精査し，社内外へ正しい情報を的確にお伝えする。

図表7-16　ワークショップで策定された部署ごとの業務指針

　図表7-16を見て分かるように，策定された「業務指針」は日常業務の中で実践できるものが多く，具体的に何をしたらいいかについて確認しやすい内容となっています。例えば，営業部では「会社の顔として，適切な身だしなみ，明るい挨拶，テキパキした行動を実践する」という指針を掲げています。その中の「適切な身だしなみ」を実現する施策のひとつとして，「外出時の服装などをチェックできるようすべての営業所に鏡を設置する」という目標を設定。また，「より多くの人に食べてもらえる機会提案と場の創出」という指針から，自社工場に毎月2社以上の取引先を招待するという目標を掲げています。

　開発部は「『こんなの欲しかった』という商品開発に向け，世の中に広くアンテナを張る」という指針に基づいて企画部と共同で市場調査チームをつくり，毎月，市場調査をするという目標を設定しました。

　日本には月ごとに様々な年中行事や慣例化した恒例イベントがあります。主要なものを挙げると，1月にはお正月や成人式等があります。2月はバレンタインデー，3月は桃の節句，ホワイトデー，卒業式，4月は入学式や入社式，5月はゴールデンウィーク，子供の日，母の日，6月は父の日，7月は七夕，8月はお盆，9月はシルバーウィーク，10月はハローウィン，11月は行楽シーズン，12月はクリスマス等があります。こうした行事やイベントに対して，スーパーや百貨店等の店頭や販売現場あるいはサイトでは，それに応じた様々な商品の打ち出しや販売促進イベント，キャンペーン等が実施されます。

　F社の市場調査チームは毎月市場を見て回り，こうした時期に同業他社だけでなく異業種他社がどのような商品を提案したり販売促進策を実施しているかを調査して，その結果を社内で報告するだけでなく，サーバーに情報を蓄積してアーカイブをつくり，必要に応じて社員が閲覧できるようにしました。こうした情報を蓄積することで，今後の商品の企画・開発や販売促進等に有用なツールとして活用することを狙いとしています。

　他にも生産部では生産ラインのトラブル削減目標を掲げる他，管理部は社内業務の効率化に向けたシステムの構築といった目標を掲げ，その実施に向けた具体的な施策に取り組んでいます。

インターナル・ブランディングを応用して計画や指針等を策定する際の留意点

　D社，E社，F社の事例では，インターナル・ブランディングを応用し，その一環でワークショップを開催する中で事業計画や事業方針等の策定，あるいは業務推進体制の構築を実施しています。

　第2章で，「事業戦略とブランド戦略は車の両輪のようなものであり，常に双方が一貫性と整合性を持って実践」しなければならないと説明しましたが，事業戦略とブランド戦略をそのように実践することでそれぞれの戦略の相乗効果を高めることができます。そして，インターナル・ブランディングを応用するということは，ブランドを拠り所として方向性や価値観を共有しそれを前提

に計画や方針を策定するということであり，より効率的にそれらを実施することができるようになるのです。

　D社，E社，F社の事例で紹介した課題シートは実際のものとは異なりますが，そのもととなったシートは当時の各社の状況に合わせて個別に作成したものです。実際には個々の事情に応じて様々な課題設定をしなければなりませんし，それに応じた適切なシートを作成する必要がありますが，ここに表記された項目を参考にしてもらえればと思います。

　最後に，インターナル・ブランディングを応用して事業計画や事業方針を策定するにあたっての留意点を挙げておきましょう。

① 「ブランドの'考え方'」を共有・理解できるようにすること

　　インターナル・ブランディングは「ブランドの'考え方'」や方針の社内浸透を図る活動です。したがって，幹部や社員が拠り所となる「ブランドの'考え方'」を共有し理解できるようにしなければなりません。

② 自身の事業活動と「ブランドの'考え方'」との整合性を意識すること

　　ブランディングの活動は，事業活動と切り離して考えられることがよくあります。インターナル・ブランディングを応用して事業計画や事業方針等を策定するにあたっては，自身の事業活動が「ブランドの'考え方'」と整合性があるかどうかを意識しながら計画や指針の策定に取り組むことが重要です。

③ ブランド価値向上につながる戦略シナリオ（ストーリー）を描くこと

　　「何を（what）」「いつ／どこから（when／where）」「どのように（how）」「いつまでに（goal）」「誰が（who）」実施するかといった内容を的確に押さえ，関係する幹部や社員が概要を理解できるよう，ブランド価値向上につながる戦略シナリオ（ストーリー）を描かなければなりません。

④ ブランドに関するKPIも含め進捗状況を逐次確認すること

　　事業計画や事業方針を導入した後は，それらが計画倒れにならないよう，

ブランドに関する内容を含めたKPI（成果指標）等を設定し，逐次，進捗状況を確認することが必要です。

⑤ 導入による成果を検証すること

　計画や方針に基づく事業活動では，それを実践することでどのような成果が出たのか，あるいは出なかったのかについて検証しなければなりません。それによって期待した成果が出ていれば，より成果を高める計画や方針の策定をし，期待した成果が出なければ計画や方針の修正が必要となります。また，成果が「ブランドの'考え方'」に則したものであるかどうかを確認することも重要です。

巻末インタビュー

　これまで，インターナル・ブランディングを理解してもらえるよう，関連する事柄を含めて多角的な視点から理論を説明し，実践例を紹介してきました。

　インターナル・ブランディングへの取り組み方や進め方，アウトプットについては，事業規模や業種等によって異なってきますが，基本的な視点は同じです。それが最終的により良い成果につながるかどうかは，取り組む企業の意欲，体制，創意工夫次第です。いずれにせよ，インターナル・ブランディングは中長期視点で地道に継続的に取り組んでいかなければなりません。

　巻末インタビューでは，ブランド戦略に積極的に取り組んでいる南海電気鉄道，村田製作所，日本全薬工業（ゼノアック）のケースを紹介します。その中で，各社のブランド戦略を推進しているリーダーに，ブランド戦略にかける想いとインターナル・ブランディングについて語っていただきます。

「事業を通じて ‘なんかいい’ をたくさんつくり増やしていく
ことで社会に貢献していきたいですね」

南海電気鉄道株式会社
ブランド統括部
部長
渡辺 幸代 氏

■ブランディングの背景

　鉄道会社は公共性が高く，そのブランドイメージは沿線の地域性と密接に関
連しています。そのため，地域性を活用した独自の施策は打ち出しやすいもの
の，企業の都合だけでブランドイメージをつくったり変えたりすることはなか
なか難しいものです。むしろ，沿線の地域性がブランドイメージをつくってい
ると言ってよいかもしれせん。しかし，ブランド戦略に取り組む鉄道会社はい
くつもあり，経営ビジョンや中期経営計画に「ブランド価値の向上」等を謳っ
ている企業もあります。

　南海電気鉄道株式会社（以下，南海電鉄）は，近鉄，京阪，阪急，阪神と並
ぶ関西５私鉄のひとつです。コーポレートブランドは「NANKAI」（以下，「南
海ブランド」と表記）ですが，それは鉄道会社を中核とする南海グループのブ
ランドでもあります。

　大阪には梅田エリア（通称，キタ）となんばエリア（同，ミナミ）という２
つの経済（商業）圏がありますが，南海電鉄は，なんばと和歌山を結ぶ鉄道会
社です。沿線には，世界文化遺産である高野山や仁徳天皇陵古墳（大山古墳）
をはじめとする数多くの地域資産があるほか，関西と世界の玄関口である関西
国際空港ともつながっています。また，同社は現存する純民間資本による日本

初の鉄道会社（1885年阪堺鉄道として開業）であり，これまでにもプロ野球球団「南海ホークス（現福岡ソフトバンクホークス）」を所有して大阪球場（現存せず）を運営するほか，なんば駅を中核とする商業施設「なんばCITY」（1978年）や「なんばパークス」（2003年）を開業するなど，時代に先駆けた様々な取り組みを手掛けています。特に関西国際空港行きの特急「ラピート」の個性的な風貌は，南海ブランドの顔ともなっています。

　少子高齢化が進む中，多くの鉄道会社は地域活性化と沿線価値の向上に向けた戦略を展開しています。2018年，南海電鉄は「南海グループ経営ビジョン2027」を発表し，その中で「10年後のありたき姿」として「満足と感動の提供を通じて，選ばれる沿線，選ばれる企業グループになる」を表明しました。そして同社はそのビジョンのもとでブランド戦略に着手し，それを推進する担当部署として「ブランド統括部」が設置されました。

　同部署ではまず，現状把握調査を実施するとともに，これまでの南海，これからの南海という視点から何度も議論を重ねた末，ブランドコンセプトを策定。それに基づき「安全性，利便性，快適性を追求する」「社内外との良質なコミュニケーションを実現する」「お客さまに新たな価値を提供する」を実施すべき行動として定めました。また，「南海ブランドの'考え方'」を端的に表現するためのブランドスローガンを導入しました。

　ブランド戦略の拠り所となる'考え方'を明確にした同社は，「グループ経営ビジョン」の実現に向けて，これからの「南海らしさ」をどうつくっていくかということを基本テーマとしてブランド戦略への一層の注力を図っています。これはまさに，'らしさ'づくりに向けたブランディングであり，その'らしさ'を基軸に支持の獲得を目指すブランド戦略を展開しようとしていると考えることができます。

　このブランド戦略において同社が特に重視しているのが，インターナル・ブランディングであり，創意工夫に富んだ様々な施策に取り組んでいます。そこで，同社のブランド戦略を推進しているブランド統括部の渡辺幸代部長に，同社のブランド戦略，そしてインターナル・ブランディングへの取り組みについて伺いました。

私たち南海グループは、

心なごみ、心ときめく喜びを結び、広げます。

そのために、安全性、利便性、快適性と

良質なコミュニケーションを追求することで、

新たな価値を提供し、お客さま満足を高めていきます。

そして、人、まち、暮らしに'なんかいいね'があふれる活気に満ちた沿線、

明るい未来を実現するサステナブルな沿線づくりに努め、

お客さまに愛され、選ばれる南海グループを目指します。

'なんかいいね'があふれてる

NANKAI

≪ブランドポスター≫

■インタビュー

岡田：昨今，鉄道会社各社がブランド戦略に取り組む傾向がみられますが，なぜだと思われますか。

渡辺：これまで鉄道会社は，沿線のお客様には乗っていただけるのが「当たり前」でしたので，ブランド力というものをあまり意識して来なかったと思います。しかし，これだけ人口減少等の環境変化が進んでくると，沿線に住んでいただいたり，事業をしてもらえるよう「選ばれる」必要性が出てきました。そうした中で，鉄道会社はブランド力を上げることを重視し，それに取り組み始めたのではないかと思います。当社でもそうですね。

岡田：鉄道会社としてブランド戦略に取り組むにあたり，何が重要で，どういった点が難しいとお考えですか。

渡辺：商品のブランドと違って，コーポレートブランドは社員一人ひとりが各自の事業，業務の中で実践しなければならないので，社員へのブランドの浸透，すなわちインターナル・ブランディングが重要だと思いますね。商品ブランドならばそれを企画する人たちがコンセプト等に沿って商品をつくり，パッケージ等で表現し，広告宣伝等で伝えることができますので，核となる人たちが分かっていれば，ある程度コントロールが可能です。しかし，特に当社の場合は，運輸を中核に不動産，商業施設や建設等，事業領域が多岐にわたるので，それぞれでひとつの南海にどう見せていくかというコーポレートブランディングが難しいと感じています。

岡田：確かに鉄道会社の事業は幅広く，大変かと思います。ところで，ブランド戦略に取り組み始めてどれぐらいになりますか。

渡辺：本格的に取り組み始めたのは2018年です。そして2019年にブランドスローガンをつくりました。社員の皆さんにブランドを自分ゴト化してもらう，自分も関わっていくという意識を持ってもらえるよう，社員に参加してもらうことを大切にしました。

岡田：どういったところから着手されましたか。

渡辺：まずは，お客様と社員の両方に対する認知度や意識調査です。南海は今，

≪ブランドブック≫

社内外からどんな風に見られているのか，そして何を期待されているのか，そういったことを把握するために調査からスタートしました。それらを踏まえて色々な議論や検討を重ね，「なごむ，ときめく喜びを，結び広げる」というブランドコンセプトを策定しました。

岡田：貴社のブランディングの拠り所を策定したわけですね。

渡辺：そうです。続いて，コンセプトをもとに社内からブランドスローガンの案を多数出してもらい，その中から４つに絞り込んで社員による総選挙を行った結果，「'なんかいいね' があふれてる」が選定されました。そしてそれらを「見える化」するためにブランドブックを作成する一方，ポスターをつくって社内に掲示しています。

岡田：ブランドコンセプトもスローガンも貴社らしくっていいですね。ところで，その浸透活動は，どのタイミングでどんなことを実施したのですか。

渡辺：有難うございます。2019年の８月にブランドブックを配布し，本格的に浸透活動を開始しました。同年の下期に，役員はもちろん，本社は管理職から一般社員まで全員，鉄道現業は監督職の方々，そしてグループ会社に対しても私たちが実際に行ってブランドコンセプトやスローガンについて説明しました。当社の事業エリアは，大阪の中心地であるなんばエリアから和歌山までありますし，鉄道が走っているところだけでなく，南紀から徳島までも

出向いて行きました。合計84回，2,000名以上が参加してくれました。

岡田：それは大変でしたね。説明会の時間は1回当たりどれぐらいですか。

渡辺：大体1時間ぐらいです。ブックを使ったレクチャーが中心で，あとは質疑応答です。

岡田：ブランド戦略への取り組みがスタートして3年が過ぎましたが，成果や手応えはいかがですか。

渡辺：なぜ鉄道会社がブランディングをするのか，そもそもブランドって何だろうというところから始まったのですが，少しずつブランドって大切だという認識が高まってきているように思います。最初はピンとこなかった人たちも，自分たちの仕事を突き詰めていくと，結局ブランドにつながるんじゃないか。そう認識する方々が増えてきたように思います。

岡田：成果が出てきてますね。

渡辺：そうですね。当社のブランドスローガンには，お客様にも沿線にも'なんかいいね'をあふれるほどにたくさんお届けしようという意思とお客様への思いが込められています。'なんかいいね'をお届けするには，社員自身が会社や自分の仕事に対して「いいね」って思わなければなりません。そこで，説明会を実施する一方で，ブランドの土台となる会社や沿線への誇りや愛着を醸成するために，「なごみときめき活動」という社内活動を実施しています。

岡田：「なごみときめき活動」では具体的にどのようなことを実施しているのですか。

渡辺：「コミュニケーション」「モチベーション」「プライド」の3つを基本テーマにしています。社内のコミュニケーションを良くする，モチベーション，つまり仕事へのやる気を醸成する，そして会社や沿線にプライドを持てるようにするという考え方です。その中で，活発に行われている活動のひとつに「'なんかいいね'カード」というのがあります。

岡田：それはどういうものですか。

渡辺：これはいわゆるグッジョブカードで，社員同士で感謝の気持ちを伝えたり，良い行動を称えたりするカードです。鉄道の現業でも頻繁に使われ，1

年間で8,000枚以上のカードがやり取りされています。鉄道会社は安全第一なので，危険なことが起こらないよう厳しくする文化があり，良い行いを褒めるという風土が少なかったんですね。良い行いを褒めることは重要ですし，それは人のことを見ているということにもなります。コミュニケーションやモチベーションの向上にこのカードが役立っています。

岡田：他にはいかがですか。

渡辺：「沿線アンバサダー」という社内版SNSがあります。当社には駅がちょうど100ありますが，社員でもすべての駅に行って降り立っているわけではありません。100駅は当社の価値ですので，社員が自主的に駅に行って，周辺の景色やお店等の良いところを写真と文章で投稿してもらい，当社沿線へのプライドを醸成するものです。メーカーの社員ならば自社製品を使ってみてその良さを体験できますが，それと同じような発想です。

岡田：貴社では「あいさつ運動」も実施しておられると伺っていますが。

渡辺：そうですね。これは挨拶を励行し，お互いを認め合うことで社内のコミュニケーションを良くしようとするものです。本社エントランスに社員が立って挨拶をするというところからスタートしたのですが，社長も実際に立ってこの運動に参加いただいたりしています。社長が立っておられるのをみて驚いた社員はたくさんいましたね（笑）。朝の社内放送で社員に1分ぐらいショートスピーチをしてもらったりと，手法を変えながら実施しています。

岡田：「なごみときめき活動」は社内活性化につながりますね。

渡辺：はい。ほかには本社の食堂とイントラネットで，社員のプライベートフォトを紹介しています。仕事から離れたプライベートなシーンでのフォトを事業部門ごとに紹介していますが，その人の趣味やライフスタイルを知ることができ，社員同士で会話や交流のきっかけとなっています。社員だけでなく，清掃等のバックスタッフの方にも登場してもらってるんですよ。

岡田：先程，ポスターを作成して掲示していると伺いましたが，どのようなポスターですか。

渡辺：最初の年は，社員ポスターを作成しました。合計80名ほどの社員に登場してもらい，各人に南海ブランドの向上のために自分が大切にすることを

ボードに書いて宣言してもらうポスターを6種類つくり，順次掲示しました。翌年は「南海らしさってなんだろう」というテーマで3種類のポスターです。それを題材にして各部門で「南海らしさ」について話し合いをしてもらったのですが，社員の皆さんには「南海らしさ」を語る機会ができて面白かったと評価いただいてます。

岡田：そのポスターはどのような内容ですか。

渡辺：当社は現存する日本最古の私鉄で130年以上の歴史があるのですが，時代時代で様々な先進的な取り組みをしており，それらを写真で紹介する「伝統と先進」をテーマにしたポスター。また，当社の沿線には高野山や仁徳天皇御陵等の世界遺産を含めて，多くの地域資産がありますので，それらを紹介する「魅力あふれる沿線資源」のポスター。そして，地域社会と連携する「共創の精神」の3種類です。こうしたポスターを通じて，当社ならではの「らしさ」を社員の皆さんに気づいてもらうだけでなく，実際，それらを題材にした会話が盛り上がったり，社内のコミュニケーションに役立ったと聞いています。

岡田：こうした取り組みをどのような体制で進めておられるのですか。

渡辺：ブランド統括部が中心となって進めていますが，事業部門とスムーズな連携が図れるよう各部門にブランド担当を置いています。担当者にはブランドの伝道師のような役割で各部門でのワークショップを運営してもらったりしています。また，最低半期に一度，ブランド担当者会議を開催し，ブランディングの方針や，各部門で実施したことを共有しています。さらに，トップマネジメントで構成されるブランド委員会を設置し，全社的な方針についての承認をいただいています。

岡田：インターナル・ブランディングを進める上で大変だと感じることはありますか。

渡辺：ブランドの重要性を理解してもらうには時間がかかりますし，ブランディングって私たちの部署がやってくれるんじゃないかと考えられてしまいがちです。自分の業務と直接関係があるということを，一人ひとりにきちんと理解いただくには時間が掛かるなということでしょうか。

岡田：やはり，ブランドを理解してもらうには時間が掛かりますね。

渡辺：そうですね。ただ，日々の業務がブランドにつながるという社員の意識
は確実に高まってきているように思います。当社には沿線価値創造部やまち
づくり推進室という部署があるのですが，沿線価値の向上や，より良い街づ
くりへの取り組みは結局，ブランド価値向上とイコールだという認識で取り
組んでくれています。

岡田：今後，インターナル・ブランディングを含めて，貴社ではブランディン
グをどのように進めていこうとお考えですか。

渡辺：沿線の方々と一緒になって進めていきたいと考えています。鉄道会社の
ブランディングは，企業のブランドだけでなく，その地域のブランドにもつ
ながっていくと思います。ですので，沿線の皆さん，すなわち沿線の住民の
方々や企業，あるいは自治体と一緒になって取り組み，それこそ沿線もイン
ナーと捉えて，沿線のブランディングを進めていければと思います。

岡田：最後に，貴社にとってブランド戦略とはどのようなものだとお考えです
か。

渡辺：社員一人ひとりが，それぞれ担当している業務を通じて，お客様に 'な
んかいい' って感じていただくようにすることです。私たち南海グループの
存在意義は，事業を通じて社会に 'なんかいい' をたくさんつくって増やして
いくことにより，社会的課題を解決することです。そうした意味で，ブラン
ド戦略は，経営戦略そのものと言ってもいいかもしれませんね。

岡田：ありがとうございました。

「市場において『ムラタ＝Innovation Inside』という社内の意識と社外の認識を高めながら，それにふさわしい製品を開発して世の中に出していきたいと考えています。」

株式会社村田製作所
医療・ヘルスケア機器事業統括部
統括部長
萩原 盛太郎 氏

■ブランディングの背景

　株式会社村田製作所（本社：京都府長岡京市）は，セラミックスをベースとした多種多様な電子部品の開発・生産・販売を行っている世界的な総合電子部品メーカーです。一般生活者が同社の製品を直接目にする機会はあまりないと思いますが，テレビ，パソコン，スマートフォンといった，身の回りのあらゆる電子機器に使われています。さらに，通信や自動車市場への事業展開にも注力しており，日常生活からは遠いように思える同社の製品は，実は私たちのとても身近なところにあると言っていいかもしれません。同社のコーポレートブランドである「muRata」（以下，ムラタ）ですが，赤を基調とするそのブランドロゴは印象的で，ステークホルダーでなくとも，見たことがあるという人は多いのではないでしょうか。

　今回紹介するのは，同社がこれからの成長市場のひとつとして注力する医療・ヘルスケア機器事業におけるブランディングです。

　同事業においては最終製品を自社で開発・製造しますが，部品メーカーとして知名度の高い同社にとってこうしたケースはあまりありません。その意味でも医療・ヘルスケア機器事業は，同社にとって重要な事業ポートフォリオとし

て位置づけられています。また，ムラタは電子部品メーカーのブランドとして
世界的にも認知されていますが，医療・ヘルスケア市場においては後発という
こともあり同業他社に比べて認知度は高くありませんし，評価が定まっている
わけでもありません。そこで，比較的自由な発想で新しいことに挑戦できるメ
リットとムラタの認知度を最大限に活かすことで，当該市場における事業ブラ
ンディングに取り組んだわけです。

　医療においては患者の安全性が第一です。同事業部ではそれを実現するため
に医療現場に必要なことは何か，医療従事者のために独自の技術を使ってムラ
タに何ができるのか，そうした視点で当該市場における自社の役割やあるべき
姿についての検討を重ねました。そして，高品質な製品や部品を開発し供給す
ることは当たり前であり，医療従事者の不便を解消し，より安全でスマートな
医療業務の実現をサポートすることがムラタの役割であるという認識のもとで
事業ブランドコンセプトを策定しました。また，その思いを社内外に伝え，市
場認知を高めるために「ムラタ・メディカル・プロミス」を策定。さらに，革
新的な電子部品を自社開発してきた電子部品メーカーとしての強みを活かした，
電子部品メーカーらしい医療機器を開発するという視点やスタンスを社内外に
明示するために「技術フレーズ」を導入し，それをマーク化して様々なコミュ
ニケーションアイテムに表示しています。

　同事業部では，こうしたブランドコンセプトやプロミス，技術フレーズの意
味や導入意図に対する理解を深めるために，管理職，中堅社員に対するワーク
ショップを開催しました。そうした社内活動を継続的に実施するだけでなく，
認知度向上に向けた社外活動も積極的に展開しています。

　実績あるブランドを活かしながら，新しい事業で独自のアイデンティティを
構築するという難しいブランディングに取り組んでいる同社ですが，それを推
進する医療・ヘルスケア機器事業統括部の萩原盛太郎統括部長に事業ブラン
ディングにかける思いを伺いました。

■インタビュー

岡田：医療・ヘルスケア機器事業を立ち上げられたのはいつ頃ですか。

萩原：2015年です。それまで準備期間はありましたが，正式な事業部組織として立ち上げたのは同年7月で，私は立ち上げからこの事業に携わっています。

岡田：貴社は電子部品メーカーですが，最終製品である事業を立ち上げられた意図あるいは目的をお聞かせ下さい。

萩原：当社はもともと電子部品を中心に，エレクトロニクス市場において世の中に貢献するということでやってきています。近年はヘルスケア市場を重点市場のひとつとして取り組んでいますが，民生機器や車載市場に精通している当社としては，もう一歩踏み込んで最終製品として医療に貢献できないかと考えました。

岡田：なるほど，新たな事業機会ですね。

萩原：そうです。ただ，ヘルスケア市場といっても，健康器具から医療機器まで様々ですが，日本国内ではメイド・イン・ジャパンの医療機器はあまり多くはありません。国も国産の医療機器分野を成長させたいという流れがあり，当社からすると部品だけで提供するよりも，医療機器にまで仕上げていったほうが，より世の中に貢献できるのではないかという発想がありました。しかも，当社ならそのままできそうじゃないかと考えました。異業種参入でもありますし，機器製品をやってきてなかったので，すべてが新しいチャレンジです。

岡田：「ムラタ」は世界的にも認知されたブランドですが，医療・ヘルスケア機器事業でブランディグに取り組まれた意図をお聞かせ下さい。

萩原：新規事業を成功させるには技術的な課題だけでなく，「ムラタ」というブランドを活用し，ブランディングも並行してやっていかなければならないという課題も感じていました。医療現場の先生方や医療機器を扱う方々にとって村田製作所は知る人ぞ知る名前であり，どういう会社かをすぐにイメージできる方は少ないと思っています。従いまして，当社が医療機器をやるということだけでなく，当社の医療機器は非常に使いやすく，使ってみたいと思ってもらうにはブランディングが重要になると思ったのがきっかけです。

岡田：ブランディングというと広告宣伝や販売促進と考えられることが非常に

多いのですが，ブランディングをどのようにお考えですか。

萩原：医療現場で新しく医療機器の導入を検討された際，「ムラタ」も検討し
てみようと思っていただけるようにする上でブランディングが必要であると
考えています。そして，当社の社員に「医療機器をやる」という意識づけを
するだけでなく，モチベーションを高め，これから一致団結して医療に貢献
していくというベクトルを合わせるには，事業戦略に意味づけされたブラン
ディングが必要だと思うようになりました。つまり，外部への訴求がブラン
ディングに取り組もうと思ったきっかけでしたが，社内向けも必要だと気づ
きました。

岡田：まさにインターナル・ブランディングの必要性に気づかれたというわけ
ですね。

萩原：そうですね。また，医療経験者や機器設計経験者をたくさん採用したの
で，一体感やワンチームであること，そのための意思統一や価値観を合わせ
るといったことが非常に重要であり，そのためにもブランディングが必要だ
と気づいたわけです。それは当社が目指すものと整合性がなければならない
ものだと思っています。

岡田：ブランディングに取り組むにあたって不安や迷いなどはありませんでし
たか。

萩原：むしろ逆で，ブランディングは必ず必要になり，非常に重要だという認
識のもと，事業を立ち上げるにあたっては，ブランディングは必ず取り組ま
なければならないという意識はありました。エレクトロニクス業界で確立さ
れた「ムラタ」のブランドイメージと技術力，それらをベースとしてうまく
活かしながら医療機器メーカーとしてのブランドがきっちりリンクしていな
いと当社がやる意義がなくなります。そこをうまくつなぐことを意識してい
ましたし，最初からそれが課題と考えていました。

岡田：ブランディングに取り組むということはどういうことだとお考えですか。

萩原：当社の社是は嚙めば嚙むほど味が出る奥深い内容なのですが，ブラン
ディングでも，長くやっていくほど社内にも社外にも心に染みていくものに
することが大事だと思うようになりました。とってつけたようなブランディ

ングではなくて，10年後も50年後もブランドがその会社の姿勢を表している，そういうものであるべきということが段々分かってきました。そういうものは，つくった当初はなかなかすぐには響かないものだと思います。最初はとっつきにくいかもしませんが，実は大事なことであり，将来にわたって大事にすべきものをつくって，根気強くトップ自らが社員に対して考えを説明して根づかせていくものです。それが分かった上で今回のブランディングを推進しています。

岡田：「継続は力なり」ではありませんが，トップが強い意思をもって続けることの重要性を改めて感じました。

萩原：そうですね。私は知名度が今ほど高くないときから当社に勤めており，技術力だけでなく，品質やユーザーの信用を蓄積していくことの重要性を身に染みて感じています。「ムラタ」といえば，技術力が高く，品質が良いとお客様から評価いただけるようになるには非常に長い積み重ねが必要です。医療機器事業においても，それと同じ道をたどることは最初から想定しています。だから時間は掛かるだろうけれども大事にしてやっていくつもりです。

岡田：ところで，ブランディングに取り組まれる中，インターナル・ブランディングの一環として管理職，そして中堅・若手のワークショップを実施されました。オブザーバーとしてそれぞれに参加されていかがでしたか。

萩原：ワークショップに参加してもらった人たちは，最初は「えっ？」という感じだったと思います。しかし，徐々にブランディングへの認識が高まり，これでやっていこうという意識に変わってきています。今は3割ぐらいの人が共感，3割ぐらいが取りあえずやってみよう，残りはまだ意識が高まっていないという感じでしょうか。この比率は時間が経てば徐々に変わってくるでしょうし，私を含めて活動メンバーは継続して浸透させる働き掛けをしています。

岡田：なるほど。

萩原：開催した当初から，社員にどれだけ理解されるかということはあまり気にしていませんした。それは先ほど申し上げたように，こうしたことは時間が掛かるという理由からです。それよりも，これからのワークショップや研

修を含めた活動を実施することにより意識や意欲が変化していくことが大切で，それを積み上げながら浸透を図っていく。そこにこだわっています。

岡田：インターナル・ブランディングは，どのように推進しておられますか。

萩原：具体的な手段ややり方は色々あると思いますが，大事なことはトップを含め，本気でやっているという強い意思をメンバーに示すことです。そのためにも事業部共通のキーワードが必要であり，意見がぶれそうになればそこに立ち返る。それを繰り返すことで浸透が図れるんじゃないかと思います。医療・ヘルスケア機器事業部は当社全体の組織の中ではコンパクトな組織ですので，共通のキーワードを活用して今のうちにブランドの浸透を図っていくのが狙いです。

岡田：共通ワードというのは技術フレーズやコミュニケーションワードのことですね。

萩原：そうです。「Innovation Inside」という技術フレーズ，「Smart Medical Performance」というコンセプトワード，他にも我々の思いを表明する「ムラタ・メディカル・プロミス」を導入しています。

岡田：それらを使って今後ブランディングをどのように展開していこうとお考えですか。

萩原：今後は特に技術フレーズやコンセプトワードをとことん目につくようにしていこうと思っていまして，メールの署名にも表記していますし，名刺にも刷り込んでいます。いたるところでそれらを目につくようにしていくと，外部のパートナー企業や医療関係者等とコミュニケーションする際に，「これは何？」という質問が出てきます。そうすると社員は自分で理解してそれを説明しなければならなくなるので，そうするうちに半ば強引かもしれませんが，意味を理解し伝えていけるようになると思います。

岡田：そうしたフレーズやコンセプトワードを表記して，反応はいかがですか。

萩原：事業部内よりも社内の他の事業部門，あるいは社外からのほうが評判はいいですね。「ムラタさんらしいね」と言われます。ムラタらしいというのは，一番の誉め言葉だと思っています。ですので，このブランディングの方向で間違っていないと確信しています。

医療をもっと、安全、便利で、スマートに！
Smart Medical Performance

≪事業ブランドコンセプト≫

ムラタ・メディカル・プロミス

医療をもっと安全、便利で、スマートに!

私たちは、常にユーザー目線で
安全性、利便性、効率性を追求し、
独自のエレクトロニクス技術と独創的な発想で
医療現場の＿ーズに応えます。

そして、医療の質の向上と
患者に優しい医療環境づくりに貢献します。

≪ムラタ・メディカル・プロミス≫

≪ロゴ化された技術フレーズ≫

岡田：ムラタらしいというのは。

萩原：技術フレーズ，コンセプトワードに対してです。その補足として「安全，便利，効率」ということに言及して訴求していますが，それは自動車業界において当社が目指していることと偶然一致しています。そういうこともあって正しい方向に進んでいると思っています。

岡田：今はインターナル・ブランディングに注力しておられますが，今後，外に対してどのような展開をしていこうとお考えですか。

萩原：まずは当社ホームページの事業部のサイトに，事業ブランディングのことを表記するページを作りました。そこにコンセプトや技術フレーズといったキーワードだけでなく，事業部の基幹技術や提供価値等を紹介しています。また，ビジュアルアイデンティティの統一を図っているのですが，その中で製品の梱包箱や製品パンフレットにも技術フレーズを入れています。こうして社内だけでなく社外にも徹底的に目につくようにしています。それによって「ムラタ＝Innovation Inside」という社内の意識と社外の認識を高めながら，それにふさわしい製品を開発して世の中に出していきたいと考えています。技術フレーズやコンセプトを見て「ムラタらしい」と言っていただけることに加え，製品を見て「ムラタらしい」と言っていただけることが大事だと思っています。こうしたことを継続してやっていきたいと考えています。

岡田：ブランディングに取り組まれる中で，今後，医療・ヘルスケア機器事業においてムラタはどのようなブランドとして認知，評価されたいと思いますか。

萩原：「Smart Medical Performance」というコンセプトワードにもありますように，「スマートだね」と言われたいですね。日本語のスマートよりも英語的な意味でのスマートというニュアンスが強いです。なぜスマートになるのかというと，その理由は「Innovation Inside」のもと，ムラタらしく，独自性にこだわって，当社の技術やノウハウをモノの中に入れ込んでいるからです。フレーズと製品が一致するということですね。

岡田：思いや意思を表す言葉と製品が一致することが重要ですね。

萩原：はい。よくオンリーワンの技術を使って医療機器をつくっていると訴求

しても，それは先生方とか患者さんからは見えないので，あまり重要ではありません。実際に当社の製品を見て，使ってみて，それが非常に良いものだということです。つまり「見てスマート，使ってスマート」ということですね。抽象的ですが，「スマートだ」という一言の印象が大切です。それがつくり上げたい思想でありイメージです。言葉は分かりやすくても人によって受け取り方は異なりますし，具体性をもたせるほど解釈を狭めることになるので，ある程度イメージ的な訴求でありながらも，深層的な部分で価値観を根づかせたいですね．

岡田：ありがとうございました。

Gazing at the future

「過去の延長ではなく，新しい発想で次世代のゼノアックを
つくり上げたいと考えています。」

日本全薬工業株式会社（ゼノアック）
代表取締役

福井 寿一 氏

■ブランディングの背景

　日本全薬工業株式会社（本社：福島県郡山市）は，国内動物用医薬品のリーディングカンパニーです。1946年に設立され，主力製品である「鉱塩®」（牛用ミネラル固形塩）は60年を越えるロングセラーブランドとなっています。2001年には，同年を「新創業時代」と位置づけて経営体制の見直しを図り，現企業ブランドである「ZENOAQ（ゼノアック）」（以下，ゼノアック）を導入。「動物の価値」をキーワードに，あらゆる動物種（牛，豚，鶏，小動物）への製品を開発供給し，着実に成長を遂げてきました。

　同社は，動物用医薬品の研究開発・製造・仕入・輸出入・販売までを一貫して行っており，自社の全国販売網は国内最大で，研究施設として臨床研究牧場も保有しています。昨今では，ペットとしての小動物の価値が高まっており，それとともに同市場が急速に拡大する中，それに対応する製品や事業も同社の企業成長に寄与する要因のひとつとなっています。

　こうした事業環境変化のもと，独自の経営体制と強みによって競争優位を獲得している同社では，2018年に福井寿一氏が新社長として就任しました。創業者の孫にあたる福井社長は「第三世代経営」を掲げて既存事業のさらなる強化を図る一方，グローバル市場を見据えたバイオ事業にも注力し，企業成長を加

経営理念	ゼノアック・プロミス

私たちは、
動物の価値を高め、
つながる全ての人々の
幸福に貢献します。

動物がもたらす恵みを
世界の人々と分かち合うために。

私たちは、たゆまぬ研鑽を重ね
常に可能性を探求し、
動物の価値を高めることで
お客様と社会のニーズに応えます。

基本原則

・感謝と真心　　・先取の精神
・境界なき共創　・治生産業順正法

そして、動物にとっての健やかな環境と
一人ひとりの心安らぐ豊かな暮らしを支えます。

≪新たに導入された経営理念，基本原則，ゼノアック・プロミス≫

速させています。第三世代経営の推進に向けて，2019年より長期経営計画「ビジョン2030」の策定に着手する一方，理念体系の再構築に取り組みました。その中で，経営理念を刷新するとともに，あらゆる行動の規範となる価値観を「基本原則」として策定。さらに，ステークホルダーに対するゼノアックの約束を表明する「ゼノアック・プロミス」を新たに導入し，それに併せてブランドの思いを端的に表すタグライン‘Gazing at the future’を掲げています。

　こうして経営の基盤となる理念体系を再構築した同社は，その社内浸透に向けてインターナル・ブランディングに着手。その一貫としてまず，社員の中からメンバーを選出し，「行動指針」の策定を目的とするワークショップを実施しました。同社にはもともと行動指針にあたる「私たちの約束11ヵ条」がありましたが，新たな理念体系の導入を契機に行動指針の見直しに取り組んだわけです。当初，事務局では，数回のワークショップで行動指針ができるかという懸念がありましたが，同社には，「私たちの約束11ヵ条」があったので，行動指針とは何かということについての理解は進んでいました。また，メンバーはワークショップの場だけでなく，業務の合間を縫って自主的に議論する場を持つ等，積極的な活動を重ねたこともあって，最終的には同社らしい行動指針が策定されるに至っています。

2021年4月には経営企画部にブランド戦略を推進する担当を設置し，インターナル・ブランディングは言うまでもなく，グローバルも見据え「ビジョン2030」との整合性をとりながらゼノアックとしてのブランド価値を高める取り組みも始めました。

そこで，同社の成長戦略，そしてゼノアックのブランド戦略に関するこうした動きを自らが旗振り役となって推進している福井社長に，ブランディングへの取り組みと今後の展望について伺いました。

■インタビュー

岡田：貴社では理念体系を再構築し理念を刷新されましたが，その意図についてお聞かせ下さい。

福井：当社は今年（2021年）75年目にあたりますが，家族経営の企業で，祖父が創業者，父が二代目，そして私が三代目となります。私の代を，創業期，第二世代期に続く「第三世代経営」としていますが，社長に就任して3年目にあたる今年をその新たなスタートと位置づけています。これまでも，それぞれの代で時代の変化に合わせてビジョンや理念を掲げてやってきました。これからも色んなことが目まぐるしく変化していくと思うので，我々の理念が時代に合っているかという点で再度見直すとともに，第三世代経営への区切りとして理念を刷新することにしました。

岡田：それまでの理念は社内に浸透していると思いますが，理念を刷新することに迷いはなかったのでしょうか。

福井：長年親しんできた経営理念があるので，初めのうちは新理念になじめないという意見は出ると思いますが，繰り返し共有を図ることで徐々に浸透していくと思っています。

岡田：浸透するまで地道に繰り返しやっていくしかないですね。

福井：そうですね。それと今までの理念を否定するのではなく，内容を改めて精緻化したというのがポイントです。これまで会社が大事にしてきたことと，これから先，新たに考えていかなければならないことをうまく融合して体系化できたのではないかと思っています。

岡田：また，理念体系の再構築にあたって，ブランドの視点から新たに「ゼノアック・プロミス」を導入されましたが，その意図についてお聞かせ下さい。

福井：我々の業界はB to Bが主体で，一般消費者の目にとまるような活動はあまりしてきませんでした。医薬品メーカーである以上，製品やサービスの価値をどのように届けるかは常々意識してきましたが，企業ブランドのメッセージ，我々のスタンスや思いを社内だけでなく，より多くの社外の方々にも示したいということで「ゼノアック・プロミス」を導入しました。

岡田：しかし，医薬品業界はブランドに対する認識は高くないように思いますが，福井社長はブランドをどのように捉えておられますか。

福井：「ゼノアック」というブランド名は2001年から採用していますが，今後はその価値をより高めていく活動をしたいと考えています。「ゼノアックって何？」と言われた時に，動物に関わる方々が想起できるものをつくっていきたいと考えており，それを人材の確保や社員のモチベーションにつなげていければと思います。

岡田：新しい理念体系で「基本原則」を規定され，その中に「境界なき共創」や「治生産業順正法（じしょうさんごうしょうぼうにじゅんず）」がありますね。独特の表現ですが，それらに込めた思いをお聞かせ下さい。

福井：長い間モノづくりを生業としてきましたが，現代は私たちの業界も変化のスピードが速く，国内外で様々な情報が飛び交い，様々なビジネスチャンスが生まれています。そうした中で，新たな製品やサービスの開発テーマを確実にモノにしていくことは重要な課題です。また当社は，日本の動物薬メーカーではまだ少ない，独自製品の海外展開を目指しています。社員の多くは，当社のお客様は国内のお客様という意識がまだ根強いですが，今後は国内，海外の区別なく，私たちのお客様に等しく製品・サービスを提供していかなければなりません。モノづくり，サービスともに我々は様々な境界を飛び越えて新しい価値創造をしていかなければならない。それが「境界なき共創」に込めた想いです。

岡田：「治生産業順正法」についてはいかがですか。

福井：これは縁あって当社が長年親しんできた言葉で，私の父が社長を務めた

時代に，当社の理念のひとつとしてきたものです。「企業として正しい在り方のもとに生業（なりわい）をなす」という意味で，現代でいう「コンプライアンス」に近い言葉です。動物の命にかかわる医薬品メーカーとして，私たちは常にあらゆる面で襟を正して活動しなければならないと思っています。一見難しい言葉ですが，「当社ならではの独自性があり，印象に残るため，社員は逆に理解を深められるのではないか」というアドバイスもあって，次の世代にも残す決断をしました。言葉として当社の伝統を残せたことは良かったと思います。

岡田：今回の刷新に伴い，行動指針を策定するワークショップを開催されました。福井社長もオブザーバーとして参加されましたが，その取り組みをどのように評価されますか。

福井：コロナ禍の制約があり，協議する時間が限られていました。今回は中堅社員を中心に各部からプロジェクトメンバーを選出しましたが，当社では以前から社内の横連携を重視しており，社員も全社最適を目指した協議に慣れていますので，事前準備ができましたし，結果として実りのある議論となり非常に頼もしいなという思いで見ていました。また，自らが次世代の行動指針をつくることにやりがいを感じて参加してくれたと思っています。

岡田：社内の横連携を重視した活動を実施してこられたということですが，社内活性化に向け，トップとして創意工夫あるいは心掛けておられることはありますか。

福井：当社は創業後，全国に販売会社を設立して事業を拡大してきました。2001年に販売会社を統合し，本社を中心とする事業部制に移行したのですが，当初はその目的を理解してもらうのに苦労した時期もあったようです。そこで会社として一体感を醸成するための様々な取り組みを実施してきました。2008年から始めた「日本経営品質賞」の受賞に向けた取り組みもそのひとつです。結果的には2016年に東北の企業で初めて受賞できたのですが，その過程において，会社の課題を社員参加型で考える場作りをやってきました。社長を含め経営幹部と一般社員が少人数で対話する「車座対話」も継続して実施しています。この対話は，できるだけ全国各地の拠点でも実施するように

しています。今後，新経営理念の浸透についても，こういった対話をしっか
り行っていきたいと思っています。

岡田：社員の皆さんにとっては風通しの良い，あるいはコミュニケーションし
やすい風土ということでしょうか。

福井：上を見ればきりがありませんが，そういうふうになってきたという実感
はあります。ただ，全国に拠点があるので，遠隔地にも本社側の意見が伝わ
るようなコミュニケーションを続けないと，いつの間にかこちらの意図が曲
がって伝わってしまったり，社員の思いが伝わりづらいこともあると思いま
す。

岡田：社長として全国によく出向かれるのですか。

福井：そうですね，（コロナ禍の前までは）私を含め，役員の拠点訪問は自発
的に長年続けてきました。今後はオンラインでの対話も積極的に取り入れた
いと思っています。

岡田：新しい理念体系の浸透を図っていかなければなりませんが，その浸透活
動によって社員の皆さんにどのようなことを期待されますか。

福井：今回，理念体系を新しくしたことによって，まずはこれから会社が変わ
ろうとしていることを社員の皆さんに実感してもらいたいです。会社の大切
な歴史を踏まえながらも，単純な過去の延長線ではなく，新しい発想を注入
し，次世代のゼノアックをつくり上げたいと思っています。今までなかった
ような多くの変化が起きてくるので，社員も意識を新たに，より高い目標に
挑戦してほしいですね。

岡田：今年4月から経営企画部にブランド戦略に携わる担当を設置されました
が，その意図をお聞かせ下さい。

福井：当社は研究開発から販売まで一貫してやっていますが，特に営業部門の
経験と実績によって業績を伸ばしてきました。しかし，これからは他にはな
い独自性の高い製品開発，世界での販売，という課題が出てきますので，戦
略部門を今まで以上に強化する必要があると感じています。ブランド戦略も
その一環として，今までとは異なるアプローチをしていきたいと考えていま
す。

岡田：全社的な視点で戦略を把握し統制するということですね。

福井：そうですね。一貫性のある戦略が必要だと思います。今までは戦略以上に，現場のニーズにいち早く応えることが重視されてきたかもしれません。本当の意味でのマーケティングやブランディングをしっかり意識してやっていく必要があります。

岡田：ブランディングというと販促や宣伝広告と捉えている企業はたくさんありますが，ブランディングを戦略施策のひとつとして位置づけられているのでしょうね。

福井：そうです。元来ニッチな業界ですし，ゼノアックブランドを多くの方々に親しんでもらうようになれば，当社にとっても多くのメリットがあると思います。

岡田：今後，ゼノアックをどのようなブランドにしていきたいとお考えですか。そのビジョンをお聞かせ下さい。

福井：これからの10年を見据えた「ビジョン2030」の中で打ち出しているのは，ひとつは独自性のある，他にはない製品を発売していくことです。そして，それを世界中に広げていくということです。当社のブランドロゴを見たときに，「これは日本の，動物の薬をつくっている会社だ」と認知してもらえるようになることが目標です。私たちに限らず，動物薬メーカーが社会にどう貢献しているかということを，ゼノアックブランドを通じて広く知ってもらいたいという想いもあります。

岡田：最後に「ゼノアックと言えば○○」と言ったときに，どのような評価を得られたいと思われますか。

福井：ゼノアックといえば，先進的な製薬メーカー，動物の価値を大切にしている，ひいては人々の健康や幸せにつながる会社のブランドであることを想起してもらいたいです。

岡田：まさに理念そのものですね。

福井：日本の動物薬業界では世界を目標に活動する企業はまだ多くはありませんし，オリジナリティのある医薬品をつくることは，時間，コストといった面でも多くの困難があります。チャレンジングな目標ですが，当社を日本代

表としてグローバルに認知させるという志を持って経営していきたいと思っています。

岡田：ありがとうございました。

あ と が き

　インターナル・ブランディングはブランディングの重要なテーマであり，特にコーポレートのブランディングに取り組む企業にとって避けては通れない課題となっています。取り組む各社はそれぞれが置かれた環境の中で試行錯誤し，創意工夫しながら様々な施策を検討し実施しています。私も「インターナル・ブランディングにおいて何をしたらいいか」と相談を受けますが，一概には言えませんし，都度，クライアントと一緒になって考えています。

　しかし，目的は「ブランドの社内浸透」と「社内活性化」を図ることであり，「ブランドの'考え方'」を基軸に「認知・共有→理解→共感・納得→行動」を実施し，それを「見える化→自分ゴト化→行動化」というステップで進めることは基本的に同じであるといえます。それらの詳細については，本書の中で「理論」として説明したとおりです。

　また，本書のタイトルに「理論と実践」を付しているように，インターナル・ブランディングに取り組んでいる企業は実際にどのようなことを実施したのかをイメージしてもらえるよう，私がこれまでに携わったケースの中から実践事例として取り上げました。そこで紹介した課題シート等は実際に用いたものをベースにして作成しています。ただ，紹介した事例や課題シート等はどれもひとつの例に過ぎず，そのまま当てはめて実践することはできませんが，少しでも参考になれば幸甚です。

　本書を執筆している現在（2021年），世界中がコロナ禍に見舞われています。私たちの日常の様相は一変し，リモートワークが進展する中でワークスタイルも多様化しています。一方，企業においてもオンラインシステムを活用した会議などが日常化し，DX（デジタルトランスフォーメーション）の加速化を含めてビジネススタイルが質的に変わりつつあります。インターナル・ブランディングに関しても，「自分ゴト化」でよく実施されるワークショップを開催

しにくい環境となっていますが，オンラインシステムを使い効率的にワークショップを実施する企業もあります。環境や手段が変わっても，価値観や方針を共有し，トップと社員が一体となって事業を進めていくという本質的なところは変わらないのだと改めて思います。

　本書の執筆にあたっては，多くの方々のご協力・ご支援をいただきました。特に巻末インタビューでご登場いただいた南海電気鉄道の渡辺幸代様，村田製作所の萩原盛太郎様，日本全薬工業（ゼノアック）の福井寿一様には本書の主旨に賛同の上ご協力いただいたことにお礼申し上げたく思います。

　また，本書の発刊にあたっては，拙著『戦略的ブランド経営』の発刊の際にも大変お世話になった，中央経済社編集長の杉原茂樹様のご厚情と多大なるご支援を賜り心より感謝致します。

　本書が皆様のインターナル・ブランディングに少しでもお役に立てることを祈念しながら，終わりのご挨拶とさせていただきたいと存じます。感謝

　2021年吉日

　　　　　　　　　　　　　　　　　　　　　　岡田　裕幸

《著者紹介》

岡田 裕幸（おかだ ひろゆき）

株式会社B.I.Pジャパン 代表取締役

神戸大学文学部卒業，神戸大学大学院経営学研究科博士課程前期終了（MBA）。在学中交換留学生として米国ワシントン大学ビジネススクールに留学。大学卒業後，民間企業を経て，1996年株式会社インターブランドジャパン入社。2002年同社取締役エグゼクティブコンサルタントに就任し，大企業を中心に様々な業種，業態の企業のブランド戦略プロジェクトに参画。2010年同社を退社後，株式会社B.I.P ジャパンを設立。現在では多岐にわたるブランド戦略プロジェクトに携わる一方，大学講師，セミナーや講演活動を行っている。

剣道教士七段，居合道四段，ワイン愛好家（日本ソムリエ協会正会員）。

《主な講師歴》
　・立命館大学経営大学院（ビジネススクール）非常勤講師
　・関西大学大学院商学研究科非常勤講師
　・近畿大学文芸学部文化デザイン学科非常勤講師
　・大手前大学メディア授業「マーケティング論」講師
　・大前研一氏主宰ビジネス・ブレークスルー大学院「ブランド戦略概論」講師
　・大阪商工会議所主催ブランド戦略セミナー 講師
　・大阪商工会議所ブランドコンサルテーション事業委託コンサルタント
　・SMBCコンサルティング主催ビジネスセミナー「ブランド戦略」講師

《著書》
　「戦略的ブランド経営」（中央経済社，2015年）

インターナル・ブランディングの理論と実践

2021年10月20日　第1版第1刷発行

著　者　岡　　田　　裕　　幸
発行者　山　　本　　　　　継
発行所　㈱　中　央　経　済　社
発売元　㈱中央経済グループ
　　　　パ ブ リ ッ シ ン グ

〒101-0051　東京都千代田区神田神保町1-31-2
電話　03 (3293) 3371(編集代表)
03 (3293) 3381(営業代表)
https://www.chuokeizai.co.jp
印刷／三 英 印 刷 ㈱
製本／㈲ 井 上 製 本 所

© 2021
Printed in Japan